SKIFAHREN
LERNEN
leicht · schnell · gründlich

KONRAD BARTELSKI
ROBIN NEILLANDS
Übersetzung und deutsche Bearbeitung
von Martina Schophaus
Fotos von Matthew Ward

DELIUS KLASING VERLAG

Originaltitel: **Learn to Ski in a Weekend**
Copyright © 1992 by Dorling Kindersley Limited, London
Text Copyright © 1992 by Konrad Bartelski und Robin Neillands

Die Deutsche Bibliothek – CIP-Einheitsaufnahme
Skifahren lernen: leicht – schnell – gründlich/
Konrad Bartelski; Robin Neillands.
Übers. und dt. Bearb. von Martina Schophaus.
Fotos von Matthew Ward. –
Bielefeld: Delius Klasing, 1994
Einheitssacht.: Learn to ski in a weekend <dt.>
ISBN 3-7688-0852-1
NE: Bartelski, Konrad; Schophaus, Martina [Übers.]; Ward, Matthew; EST

ISBN 3-7688-0852-1
Die Rechte für die deutsche Ausgabe liegen beim Verlag
Delius, Klasing & Co., Bielefeld
Gesamtherstellung:
Kunst- und Werbedruck, Bad Oeynhausen
Printed in Germany 1994

Alle Rechte vorbehalten! Ohne ausdrückliche Erlaubnis des Verlages darf das
Werk, auch nicht Teile daraus, weder reproduziert, übertragen
noch kopiert werden, wie z. B. manuell oder mit Hilfe elektronischer und
mechanischer Systeme inklusive Fotokopieren, Bandaufzeichnung
und Datenspeicherung.

INHALT

Vorwort 6

DIE VORBEREITUNG 8

Die Akklimatisierung 10
Das Skigebiet 12
Rauf auf den Berg 14
Kleidung 16
Skistiefel 18
Skier und Stöcke 20
Skibindung 22
Gefühl bekommen 24

DIE PRAXIS 28

Vorbereitung 30
Skigewöhnung 34
Fallenlernen................36
Wieder aufstehen 40
Seitwärtssteigen 42
Richtungswechsel 44
Schneepflug 48
Schußfahren 52
Der Pflugbogen 54
Schrägfahrt 60
Timing 62
Seitrutschen 66
Geländeschule 70
Feinabstimmung 76

TIPS FÜR FORTGESCHRITTENE 80

Skier zusammen 82
Im Neuschnee 86
Rein in den Hang 88
Sicher mit Verstand 90

Glossar 92
Stichwortverzeichnis 94
Nützliche Adressen 96
Danksagung 96

VORWORT

Skifahren schnell, leicht und gründlich zu erlernen, klingt eigentlich ein bißchen großspurig, aber in der Tat kann Skifahren so viel einfacher sein, als man es sich gemeinhin vielleicht vorstellt. Dieses Buch hat die Absicht, Sie auf die Herausforderung vorzubereiten, einen verschneiten Hang hinunterzufahren, mit Hilfe von leicht verständlichen, bunten Photos und einem Begleittext, den Sie erst einmal gemütlich zu Hause durcharbeiten können. Nach der Lektüre dieses Buches werden Sie bestimmt ein bißchen Verständnis für die Bergwelt entwickelt haben und auch ein Bewußtsein für die Probleme, die Ihnen diese Berge bereiten können. Ebenso werden Sie lernen, diese Probleme zu vermeiden und sie zu lösen. Skifahren ist eine sehr einfache und vergnügliche Sportart, wenn man sie richtig angeht. Man muß nicht unbedingt jung oder athletisch sein, um Freude daran zu haben, eine Piste hinunterzufahren. Mein Großvater war 65, als er das erste Mal auf Skiern stand, und viele seiner jüngeren Mitstreiter aus dem Skikurs hatten Mühe, mit ihm mizuhalten.

Vorwort • 7

Arbeiten Sie die verschiedenen Abfolgen in Skifahren lernen leicht, schnell, gründlich schon zu Hause durch, und es wird Ihnen sehr viel leichter fallen, wenn Sie das erste Mal auf Skiern stehen. Die Techniken, die ich ausgewählt habe, werden Ihnen eine solide Grundlage dafür bieten, reizvolle Pisten zu erkunden und die aufregende Atmosphäre von Schnee und Bergen auszukosten. Öffnen Sie Ihre Augen, und nehmen Sie die Schönheit der Natur in sich auf… Sie werden sie auf Skiern noch mehr genießen.

KONRAD BARTELSKI

DIE VORBEREITUNG

Machen Sie sich vor den ersten Schritten im Schnee mit der Ausrüstung vertraut, und lernen Sie ein paar grundsätzliche Dinge

Sie können die Grundlagen des Skifahrens relativ schnell beherrschen, vorausgesetzt die Instruktionen sind klar, und Sie sind stets gewillt, zu lernen. Skifahren ist genauso mentale wie körperliche Aktivität. Es macht sich bezahlt, wenn Sie sich auf Ihren Skikursus gut vorbereiten und Ihre Aufmerksamkeit ganz und gar den Zielen dieses Buches widmen – auf die Grundlagen des Skifahrens.

Eintragen
Wählen Sie sich Ihre Zeit gut aus. Frei von Unterbrechungen durch die Familie, durch Freunde oder soziale Verpflichtungen. Wenn möglich, leihen Sie sich schon Ihre Ausrüstung aus, bevor der Skikursus beginnt und machen Sie sich mit ihr vertraut. Halten Sie die **Skistöcke,** tragen Sie Ihre Skischuhe (und vergewissern Sie sich, daß sie wirklich passen), üben Sie, wie man Skier an- und auszieht. Gewöhnen Sie sich besonders an die Skischuhe, und achten Sie darauf, daß sie nicht drücken. Laufen Sie mit den Skistiefeln im Haus herum, und machen Sie sich mit dem zusätzlichen Gewicht an Ihren Füßen vertraut. Steigen Sie mit den Schuhen Treppen herauf und hinunter, und üben Sie, Ihr Gewicht auf die Schuhkanten zu verlagern. Diese Übungen machen

HEIMÜBUNGEN
Ein Gefühl für die Ausrüstung bekommen (siehe Seite 24–2?)

SKILIFTE
Am Tellerlift ein- und aussteigen (siehe Seite 14–15).

Sie nach und nach mit den typischen Bewegungen auf Skiern vertraut, ohne daß Sie dafür Schnee brauchen. Je wohler Sie sich in Ihren Sachen fühlen, desto leichter wird Ihnen später das Skifahren auf der Piste fallen.

Eingewöhnung

Skilaufen ist Sport. Und wie bei allen Sportarten, macht es sich bezahlt, wenn man fit ist oder zumindest ein wenig fitter als sonst, bevor es losgeht. Die körperliche Vorbereitung sollte einige Wochen vor dem tatsächlichen Skikurs beginnen. Wichtig ist vor allem, die Muskulatur an ungewohnte, neue Belastungen zu gewöhnen und den ganzen Körper auf die hohe Ausdauerleistung einzustimmen. Dehn- und Kräftigungsübungen für die Beine aller Art sind hierbei nützlich.

BEACHTEN SIE: *Wörter, die* **fettgedruckt** *sind, sind im Glossar (Seite 92-93) näher erläutert.*

EINSTIEG IN DIE SCHUHE
Heckeinsteiger oder Schnallenschuh
(Seite 18–19)

DIE RICHTIGE WAHL
Wie hoch muß der Stiefel sein?
(Seite 20–21)

DIE AKKLIMATISIERUNG

Öffnen Sie Ihre Augen für eine neue Umgebung

Eine der größten Freuden beim Skilaufen ist, daß es draußen in den Bergen stattfindet. Wenn Sie Skifahren gehen, sollten Sie alles ausschalten, was Sie daran hindern könnte, die Gegend zu genießen, die frische Bergluft, die Sonne, die klare Sicht auf schneebedeckte Gipfel. Genauso wichtig ist, wenn Sie oben am Lift aussteigen und sich die Berge vor Ihnen in alle Himmelsrichtungen ausbreiten, daß Sie

sich Zeit zum Warmmachen nehmen. Dehnen Sie die Muskeln, und nehmen Sie die Abfahrtshaltung ein. Versichern Sie sich, ob Sie ausreichend Sonnencreme und Lippenschutzsalbe aufgetragen haben, überprüfen Sie, ob Sie richtig in der Bindung stehen und ob auch ansonsten alles startklar ist. Entscheiden Sie vorher, wohin Sie fahren wollen und wie man dorthin kommt. Sollten Sie sich noch nicht so sicher fühlen, atmen Sie tief durch, versuchen Sie, zu entspannen, und erinnern Sie sich der Grundlagen, die Ihnen dieses Buch vermittelt hat. Auf diesen technischen Grundlagen basiert letztlich der ganze Skilauf. Vor allen Dingen aber denken Sie stets daran, das Skifahren zu genießen. Skifahren und Skifahren lernen sollte und wird auch Spaß machen, falls Sie niemals Ihre Gaudi verlieren, auch wenn Sie sich gerade wieder einmal mit der Technik herumquälen müssen.

DAS SKIGEBIET

Lernen Sie, sich im neuen Gebiet zurechtzufinden

Dieses typische Skigebiet, wie es unten auf dem Bild zu sehen ist, und eine Übersichtskarte über das gesamte Skigebiet (rechts), zeigen Ihnen, was Sie überall zu erwarten haben. Außerdem geben sie Aufschluß über einige wichtige Dinge, die Sie unbedingt beachten sollten in dieser scheinbar sorglosen Umgebung.

In früheren Zeiten spielte sich alles auf sehr flachen Pisten ab, später auch **Babyhang** genannt, weil es noch keine Lifte gab, die man benutzen konnte. Heutzutage haben Sie einen Skipaß. Vergleichen Sie aber den Preis für eine Woche mit dem für einen Tag, bevor Sie sich einen Skipaß kaufen.

SESSELLIFT
Der üblichste Skilift (Bild links unten), es gibt ihn als Ein-, Zwei-, Drei- und Viersitzer.

DAS SKIGEBIET • 13

SKIPLAN •
Prüfen Sie sehr sorgfältig den Hangverlauf der Berge, die Skiabfahrten (farblich gekennzeichnet für Anfänger, Fortgeschrittene und Könner), und die verschiedenen Liftverbindungen.

SO LESEN SIE DIE KARTE RICHTIG
Skigebiete stellen Karten her, die die Abfahrten und Lifte kennzeichnen. Die europäischen Skigebiete markieren die Abfahrten in den Farben Grün, Blau, Rot und Schwarz, in der Reihenfolge ihrer Schwierigkeitsgrade. In den USA benutzt man eine einzelne bzw. doppelte schwarze Raute (siehe Seite 90–91). Tragen Sie daher immer eine Karte bei sich, um den richtigen Weg zu finden, und suchen Sie sich die Abfahrt heraus, die Ihnen bezüglich Ihres Könnens am geeignetsten erscheint; orten Sie Skischule, Babyhänge, Erste-Hilfe-Stationen und Restaurants.

SKIPASS •
Eine typische Liftkarte: Bei Tageskarten wie dieser wird gewöhnlich kein Paßbild verlangt wie bei den Wochenkarten. Vergewissern Sie sich in diesem Fall, ob Sie ein Foto dabei haben. Skipässe sind nicht gerade billig, kaufen Sie sie daher nur für die Zeit, in der Sie sie wirklich brauchen.

KARTEN-SYMBOLE •
Skikarten besitzen einen Schlüssel für ihre Symbole, sie sind unterschiedlich von Land zu Land, von Skigebiet zu Skigebiet. Prüfen Sie stets den Schlüssel, und übertragen Sie ihn auf die verschiedenen Symbole.

RAUF AUF DEN BERG

Wie man Schlepplift fährt

Keine Angst vor Liften: Ob Sessellift, Gondel oder Schlepplift, sie alle sind nur dafür da, um Ihnen zu helfen. Schauen Sie erst einmal zu, wie es die anderen Leute machen, wenn Sie in der Schlange stehen. Schleppliftstangen sind oft in Form eines Ts oder eines Tellers konstruiert, um Sie über den Schnee zu ziehen. Sollten Sie einen Handschuh oder Skistock verlieren, lassen Sie ihn liegen, irgend jemand wird ihn schon mitbringen.

T-STANGE

Nehmen Sie die **Skistöcke** in die äußere Hand, und schauen Sie zurück, um die Stange in Empfang zu nehmen. Beide Skier stehen Seite an Seite. Dann drehen Sie sich, klemmen die Stange unterhalb der Hüfte ein und drehen sich wieder in Fahrtrichtung. Nicht auf die Stange setzen!

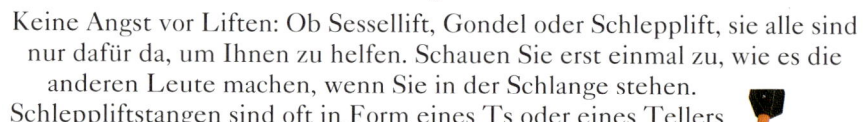

• **SCHAUEN**
Sehen Sie über die Schulter zurück, und ziehen Sie die Stange an sich heran.

• **LOSFAHREN**
Lehnen Sie sich gegenseitig mit Ihren Schultern an, und fahren Sie sich nicht mit den Spitzen über die Skier.

• **SPUR HALTEN**
Halten Sie die Skier parallel und die Füße auseinander. Stellen Sie sich niemals mit Ihrem Schuh und Ihrem Gewicht auf die anderen Skier. Halten Sie die Knie ein wenig **gebeugt**, stehen Sie dabei aber aufrecht. Setzen Sie sich nicht mit Ihrem ganzen Gewicht auf die Stange. Lassen Sie sich ziehen.

AM TELLERLIFT

Einige Tellerlifte haben einen sehr schwachen Zug, so daß Sie sich in aller Ruhe in der Schlange anschauen können, wie dieser Lift funktioniert.
1 Sie sind bereit, den Teller zwischen Ihre Beine zu nehmen, die Skier stehen dabei seitlich auseinander und parallel, die Stöcke werden fest angefaßt und so gehalten, daß sie nicht stören. Fassen Sie mit einer Hand die Stange an.
2 Gleiten Sie in die Startposition, Skier parallel, **Skistöcke** in die äußere Hand, und nehmen Sie die Stange in die andere Hand; klemmen Sie sie zwischen Ihre Beine. Halten Sie die Knie gebeugt und bereiten Sie sich auf den Ruck vor, wenn das Kabel anzieht. Viele Skifahrer stürzen dabei, weil sie sich nicht auf den starken Ruck eingestellt hatten.

LOSLASSEN
Lassen Sie die Stange sanft los, damit sie nicht allzu wild und zu früh in die Luft schnellt.

SCHAUEN
Achten Sie auf Skifahrer vor Ihnen.

SICHER AUSSTEIGEN
Steigen Sie nicht zu früh aus. Warten Sie solange oben auf dem Berg, bis es wieder etwas flacher wird. Der zweite Skifahrer sollte nicht aussteigen, bevor es nicht sicher genug ist und er den anderen beim Aussteigen nicht gefährdet. Nehmen Sie die Stange vom Körper, und lassen Sie sie los. Bummeln Sie niemals in der Spur anderer Skifahrer herum.

TIMING
Lassen Sie niemals vor Erreichen des Berges los. Warten Sie auf den Kamm.

VORBEREITUNG
Bereiten Sie sich darauf vor, mindestens 50 Meter vor dem Ende der Spur auszusteigen. Klären Sie vorher, wer zuerst aussteigt.

KLEIDUNG

Richtige Ausstattung hält auch bei kaltem Wetter warm

Welche Mode Sie auf der Piste auch bevorzugen, denken Sie daran, sich in mehreren Schichten einzukleiden. Luftpolster zwischen den einzelnen Lagen können dabei für die nötige Isolierung sorgen. Versichern Sie sich, daß Ihre Skikleidung warmhält und wasserdicht und atmungsaktiv ist, damit sich die Schweißbildung kontrollieren läßt.

SONNENBRILLE
Sonnenbrillen schützen Ihre Augen vor der Sonnenblendung und der ultravioletten Strahlung und verbessern ebenso die Sicht bei schlechtem Wetter. Getönte Gläser sind der beste Schutz vor Sonne; Gläser aus Plastik sind sicherer beim Sturz.

SCHUTZ
Nehmen Sie einen hohen Sonnenschutzfaktor, um einer Schädigung durch das Sonnenlicht vorzubeugen; Lippensalbe schützt davor, daß die Lippen bei allzu kaltem Wind aufspringen.

KORDEL
Binden Sie Ihre Sonnenbrille an einer Kordel fest, damit sie nicht verlorengeht.

JACKE
Die Skijacke sollte wind- und wasserfest sein. Achten Sie auf starke Reißverschlüsse, nach innen eingeschlagen, um besser dichtzuhalten. Prüfen Sie das Material, bevor Sie etwas kaufen.

HANDSCHUHE
Achten Sie darauf, daß die Handschuhe groß genug sind, damit Sie Ihre Finger noch bewegen können, und dick genug sind, um sie warmzuhalten. Die Manschette sollte bis über das Handgelenk gehen, und die Handflächen sollten verstärkt sein.

SKIBRILLE
Skibrillen bieten einen guten Augenschutz gegen Kälte, Schneetreiben und starkes Sonnenlicht. Tragen Sie sie immer in der Jacke bei sich, wenn Sie sie nicht gerade brauchen; dort verlieren Sie sie nicht so leicht.

SOCKEN
In modernen Skistiefeln brauchen Sie sich nur noch ein Paar Socken überzuziehen. Kaufen Sie sich welche, die lang und warm sind und aus Wolle und Naturfasern mit engen Maschen bestehen; sie sollten vor Blasen schützen.

KLEIDUNG • 17

• **TRÄGERHOSEN**
Versichern Sie sich, daß die Träger bequem über den Schultern liegen (mit verstellbaren Klemmen) und wenn Sie angezogen sind, die Hose im Rücken gut abschließen.

• **OVERALL**
Sie halten warm, dicht und sind sehr schick; es kann einem aber auch darin zu warm werden, wenn die Sonne brennt. Achten Sie deshalb darauf, daß man das Oberteil aufmachen und die Ärmel um die Hüfte binden kann.

FARBEN-FROH
Tragen Sie farbige Kleidung, damit Sie besser gesehen werden können und dadurch Unfälle vermeiden.

THERMISCH
Thermische Unterwäsche ist sehr wichtig für Ihre Ausstattung. Zweiteilige Kleidung ist besser als einteilige; man kann sie leichter ersetzen, wenn ein Teil abgenutzt ist.

GUTER SCHUTZ

Sich in mehreren Schichten zu kleiden, hält den Körper warm. Schützen Sie aber auch Ohren, Zehen, Finger und Stellen, an denen Sie sich leicht verletzen können. Fäustlinge sind wärmer als Fingerhandschuhe. Mützen sollte man über die Ohren ziehen.

Stirnband *Skibrille*

Handschuh *Fäustling* *Innenhandschuh* *Wollmütze*

SKISTIEFEL

Das wichtigste Bindeglied zwischen Ihnen und Ihren Skiern; damit steht und fällt das Skifahren

Abgesehen von ihrer technischen Funktion, den Skifahrer mit dem Ski zu verbinden und für die richtige Vorlage zu sorgen, sollten Skistiefel unbedingt angenehm zu tragen sein. Schlecht sitzende Schuhe haben mehr Skifahrern an ihrem ersten Tag auf Brettern das Skifahren vergrault als irgend etwas anderes. Entscheiden Sie nicht unüberlegt: nehmen Sie den Rat eines Fachmannes im Skigeschäft an, und probieren Sie immer mehrere Paar Schuhe.

HECKEINSTEIGER

Die meisten Heckeinsteiger-Schuhe haben eine umlegbare Klappe hinter dem Fußknöchel, die man nach hinten drücken kann, um mit dem Fuß in den Schuh zu steigen. Nach dem Verschließen wird der Fuß vorne in die richtige Position geschoben.

INNENSCHUH •
Er ist gefüttert, um den Fuß warmzuhalten. Er sollte den ganzen Stiefel ausfüllen und den Knöchel und die Zehen vor Druckstellen schützen.

— GUTES GEFÜHL? —

Skistiefel erfordern eine genaue Anordnung, um das gute Gefühl möglichst den ganzen Tag über zu erhalten. Versichern Sie sich, daß Ihre Zehen nicht zu fest gegen die Vorderseite des Stiefels drücken und daß die Ferse richtig sitzt. Wenn Sie ihren Schuh festschnallen, drücken Sie Ihre Ferse herunter, während das Fußgelenk immer ein wenig Spiel haben sollte, um in die **Vorlage** gelangen zu können. Ihr Schienbein sollte sich schonen können an der gepolsterten Zunge des Stiefels, die Krümmung des Gelenkes muß mit dem Fußgelenkpunkt übereinstimmen. Es sollte immer genug Platz bleiben, um die Zehen zu bewegen. Achtung: Ein Schuh, der sich gut anfühlt, ist immer ein guter Schuh.

Fußgelenkpunkt

• **FERSENFIXIERER**
Achten Sie immer auf einen verstellbaren Drehknopf wie hier auf dem Bild. Während Sie den Fuß sichern, drücken Sie die Zehen nicht zu hart gegen die Vorderseite des Stiefels.

• **SPANNFIXIERER**
Viele Heckeinsteiger werden zusätzlich noch über einen Drehverschluß auf der Vorderseite gesteuert. Prüfen Sie den Verschluß, ob er Ihren Stiefel fest genug umschließt, ohne die Füße einzudrücken oder gar zu verwunden.

SKISTIEFEL • 19

WIE MAN IN DEN SCHUH KOMMT

INNEN UND AUSSEN
Jeder Skistiefel hat zwei wesentliche Bestandteile: den gefütterten Innenschuh für die Behaglichkeit und **Biegsamkeit** und die äußere Schale, um die natürlichen Bewegungen beim Skifahren zu unterstützen. Die Schale und der Innenschuh geben gemeinsam dem Schuh den Halt und drücken die Ferse nach unten. Während eines langen Skitages wärmen sich die Füße auf, so daß Sie ein wenig Druck von den Schuhen nehmen können. Bei Heckeinsteigern läßt sich der Schuh festziehen oder lockern, indem Sie ihn von außen über ein Kabel, das sich im Schuh befindet, regulieren.

Innenschuh

Fersenfixierer

Strippe für die Fersenfixierung

Innensohle

Spannfixierer

IN DEN SCHUH STEIGEN
Öffnen Sie zuerst den ganzen Schuh. Dann streichen Sie die Socken glatt, um Falten zu vermeiden. Schlüpfen Sie mit dem Fuß in den Schuh, und schließen Sie den Stiefel, bis Sie einen angenehmen Halt verspüren. Das Gefühl sollte fest und doch beweglich sein, auf keinen Fall aber zu abgeschnürt.

INNENSCHUH •
In den Schuh ein- und auszusteigen ist eigentlich keine große Aktion. Sollte es jedoch zu mühsam sein, versuchen sie einen anderen Stiefel.

GELENK- PUNKT •
Der Stiefel sollte das Gelenk festhalten, die Ferse herunterdrücken und die Achillessehne fixieren.

BEUGUNG
Wenn die Schnallen festsitzen, sollte man trotzdem noch das Fußgelenk **beugen** können, um die richtige **Vorlage** einzunehmen.

DER SCHNALLENSCHUH

Steigen Sie in den Schnallenschuh wie in jeden anderen Schuh. Befestigen Sie ihn, indem Sie die Schnallen einrasten und herunterdrücken. Um die **Vorlage** zu verbessern und zur gewünschten Skiabfahrts-Haltung zu gelangen, lassen einige Skifahrer die oberen Schnallen ein bißchen lockerer. Sollten Sie dies auch tun, achten Sie bitte darauf, den Schuh im Bereich der Fußgelenkskrümmung mehr anzuziehen, damit die Ferse unten bleibt.

• STIEFELKANTE
Der Ski wird über die Stiefelkante mit der Vorderbacke der Bindung verbunden. Sollte die Kante abgenutzt sein, lassen Sie sie im Skigeschäft überprüfen.

Skier und Stöcke

Richtige Auswahl und Sicherheitsmaßnahmen Ihrer Skier und Stöcke

Die wichtigste Aufgabe der Skiausrüstung ist es, Skifahren angenehmer zu gestalten, was auch immer für eine Mode gerade herrscht. Wenn Sie sich Ihre Skiausrüstung leihen oder kaufen, versichern Sie sich, daß die **Bindungen** nicht locker sind oder sich in einem schlechten Zustand befinden; ebenso, ob die Skier scharfe **Kanten** haben und frei von Schrammen unter dem Belag sind. Skistöcke müssen komplette Teller und Sicherheitsschlaufen aufweisen.

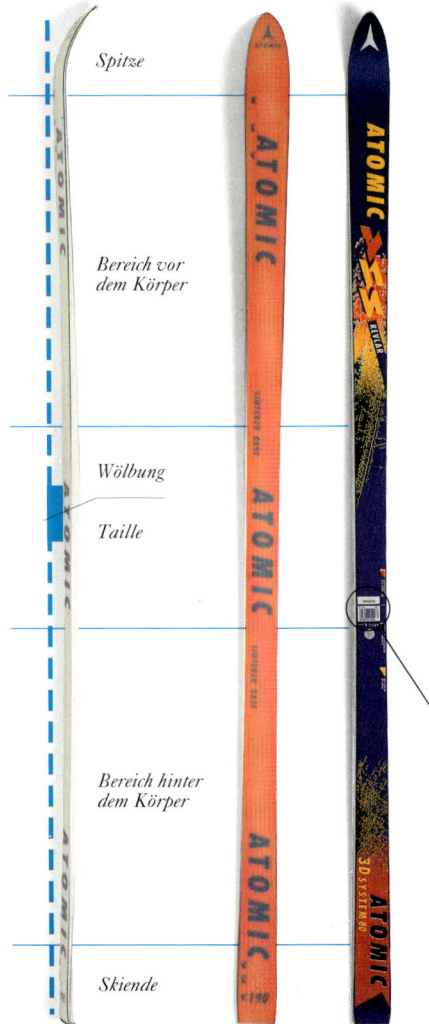

Spitze

Bereich vor dem Körper

Wölbung

Taille

Bereich hinter dem Körper

Skiende

Die Ski-Auswahl

Wenn Sie sich einen Ski kaufen oder leihen wollen, prüfen Sie, ob der Ski nicht in irgendeiner Form verbogen und der Belag glatt und eben ist. Die **Skispitze** sollte einigermaßen biegsam sein und sofort in die alte Position zurückfedern, wenn man sie anspannt. Die Geometrie eines modernen Skis ist relativ unverändert geblieben, aber das Material hat sich ganz entscheidend geändert.

SCHAUFEL
Die Skispitze spielt eine wichtige Rolle beim Drehen, weil sie **biegsam** ist und vorne den Ski abrundet.

TAILLE
Die schmalste Stelle am Ski ist dort, wo sich die Schuhe befinden. Der Ski ist in der **Taille** leicht gebogen. Er besitzt die **Wölbung,** um Ihr Gewicht zu tragen und die verschiedenen Kräfte zu kontrollieren, die auf den Ski einwirken.

SKIENDE
Ohne das Gewicht des Skifahrers würde der Ski den Schnee nur an zwei Stellen berühren – an der Spitze und am **Skiende.** Das Skiende ist ein wenig geneigt, um eine mögliche Reibung zu vermindern.

SYMBOLE
In der **Skitaille** sind Symbole eingelassen worden, um Ihnen bei der Suche nach dem richtigen Ski behilflich zu sein, was die Länge, das Gewicht und die Erfahrung anbetrifft. L steht für Anfänger, A für Fortgeschrittene (wie hier zu sehen) und S für Könner. Lassen Sie sich von Ihrem Skigeschäft beraten.

Skier und Stöcke • 21

Könner

Fortgeschrittene

Anfänger

DIE RICHTIGE LÄNGE FINDEN
Nehmen Sie Ihre Körpergröße als Maß für die Länge Ihres Skis. Ein ungefährer Anhaltspunkt: Anfänger sollten Skier nehmen, die ihnen bis in Kopfhöhe reichen, Fortgeschrittene Skier 10–25 Zentimeter und Könner Skier 15–35 Zentimeter über Kopfhöhe. Gewicht, Fitneß und die bisherige Erfahrung sollten aber auch Ihre Wahl bezüglich Länge und Schnitt des Skis beeinflussen.

SKISTÖCKE
Hergestellt, um Ihnen bei der Balance und beim Drehen zu helfen, müssen **Skistöcke** unbedingt die richige Länge besitzen, damit der Unterarm seine waagerechte Haltung einnehmen kann. Überprüfen Sie, wenn Sie die Stöcke geradehalten, daß die Ellenbogen einen Winkel von 90 Grad ergeben.

ARME
Beachten Sie die korrekte Position des Arms – parallel zur Erde und gebeugt im rechten Winkel zum Ellenbogen. Diese Haltung ist nicht möglich, wenn die Stöcke zu kurz oder zu lang sind.

STOCKVERSCHLUSS

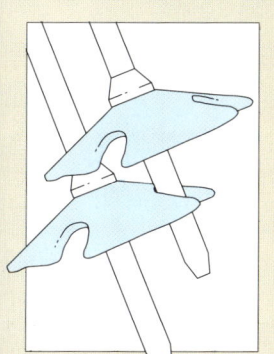

TELLER
Plastikteller haben für gewöhnlich ein kleines Loch, um die Spitze des einen Stocks in das Loch des anderen Tellers zu stecken, um sie dann zusammenzudrücken. So lassen sie sich leichter tragen. Teller bewahren die **Stöcke** davor, im Schnee zu versinken. Sollten Sie daher einen Teller verlieren, erneuern Sie ihn so schnell Sie können.

SKIBINDUNG

Der Rettungsanker all Ihrer Betätigungen

Skibindungen – wohl der kompliziertste Teil Ihrer Ausrüstung – haben einen Mechanismus, der die doppelte Funktion besitzt, den Ski zum einen fest mit dem Schuh zu verbinden und zum anderen den Druck des Körpers auf den Ski zu übertragen. Sollte Ihre Bindung nicht richtig eingestellt sein, wird sie entweder immer zur falschen Zeit aufgehen oder nicht aufgehen, wenn sie es eigentlich sollte: Schon ist der Unfall passiert! Guteingestellte Bindungen sind deshalb unbedingt notwendig und sollten von einem qualifizierten Mechaniker eingestellt werden.

SICHERHEITSBINDUNG

Die **Skibindung** besteht aus zwei Hauptbestandteilen: Vorder- und Hinterbacke. Normalerweise geht die Vorderbacke unter dem einwirkenden Druck von der Seite her auf, die Hinterbacke durch Druck von vorn und oben. Das kann aber auch verschieden sein. Manche Bindungen haben einen Drehteller für die Ferse, so daß sich die ganze Hinterbacke dreht, um den Schuh freizugeben.

HINTERBACKE
Auch die Hinterbacke besitzt eine Anzeige. Lassen Sie sie im Skigeschäft einstellen.

SKISTOPPER
Zwei Stifte, die herunterschnappen, wenn Ihre Bindung aufgeht, und verhindern, daß die Skier weiterrutschen.

VORDERBACKE
Die Vorderbacke hat einen Spring-Mechanismus, der so angefertigt wurde, daß er den Skistiefel freigibt, wenn der Druck auf Ihr Bein zu gefährlich wird. Die Anzeige weist daraufhin, wie hart die Bindung eingestellt ist; sie sollte nur in den dafür geeigneten Skigeschäften nachgestellt werden.

AUSSTEIGEN
Bevor Sie in die **Bindung** gehen, sollten Sie wissen, wie man wieder herauskommt. Viele Bindungen, wie hier auf dem Bild, lösen sich aus, indem man mit dem **Skistock** ein Schnappschloß aufdrückt.

SKIBINDUNG • 23

SCHNAPP UND AUF

UNTER DRUCK
Machen Sie die Kappe Ihres Skistiefels in der **Bindung** ausfindig, zwischen Vorder- und Hinterbacke. Die Hinterbacke hat einen Springmechanismus und der kann entweder fest zu oder geöffnet sein, so daß die Bindung bis zu dem Punkt korrekt eingestellt ist, an dem sie sich öffnen sollte unter dem etwaigen Druck. Eine gut eingestellte Bindung hat noch einen anderen Nutzen: sie federt Buckel und Schläge ab, ohne gleich aufzuspringen.

die Vorderbacke. Eine Bindung, die zu leicht und zu plötzlich aufspringt, ist gefährlicher als eine, die unter Druck aufgeht. Gutbefestigte Bindungen sind aber sehr wichtig für Ihre Sicherheit. Lassen Sie daher Ihre Bindung von einem Fachmann einstellen.

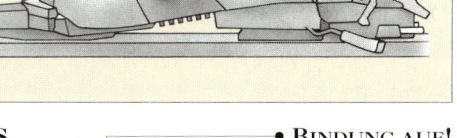

Hinterbacke, Ausstieg nach oben

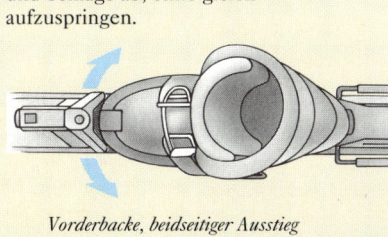

Vorderbacke, beidseitiger Ausstieg

SEITLICHES AUFGEHEN
Alle Bindungen können seitlich aufgehen, aber nur einige vertikal über

HINTERBACKEN-MECHANISMUS
Die wichtigsten Bestandteile der Hinterbacke sind die Anzeige, die Einstellungsschraube und die manuelle Einstellung. Prüfen Sie außerdem, ob der Skistopper funktioniert.

Stopperplatte

STOPPER
Stellen Sie sich mit der Ferse auf die Skistopperplatte, wenn Sie in die Bindung steigen – dann sollten die Stifte hochschnellen.

• **BINDUNG AUF!**
Vergewissern Sie sich, wie Sie mit dem Skistiefel aus Ihrer **Bindung** herauskommen können. Der Ausstieg beginnt immer über die Hinterbacke, für gewöhnlich mit Hilfe eines **Skistockes**, den Sie in das Schnappschloß drücken; Sie können auch, nicht ganz so elegant, auf die Rückseite der Bindung treten.

• **ANZEIGE**
Eine Stufen-Skala zeigt die jeweils beste Fixierung für jeden einzelnen Schuh an. Merken Sie sich die Zahl der Skala, und schrauben Sie die **Bindung** wieder hoch, falls sie locker werden sollte.

• **EINSTELLUNGSSCHRAUBE**
Sie regelt die gesamte Bindungseinstellung und sollte nur von einem Fachmann bedient werden.

Hintere Einstellung

GEFÜHL BEKOMMEN

Lernen Sie, sich in Skisachen ganz natürlich zu bewegen

Sie können den Lernprozeß in hohem Maße beschleunigen, wenn Sie Ihre Skisachen schon vorher tragen und sich daran gewöhnen, sich darin zu bewegen. Das gilt besonders für Skistiefel und für den Umgang mit den **Skistöcken**. Ebenso bereiten Sie die Muskeln darauf vor, die spätere Skihaltung richtig einzunehmen.

SCHUHGEWÖHNUNG

Gehen Sie in Skistiefeln die Treppe zu Hause rauf und runter, und gewöhnen Sie Ihren Körper an das Gefühl, sich ganz natürlich in ihnen zu bewegen; gewöhnen Sie sich ebenso an deren klobige Form und Größe. Spätere Hausübungen könnten Ihnen ermöglichen, andere Skitechniken wie das **Kanten** oder **Seitsteigen** zu üben (siehe Bild auf der gegenüberliegenden Seite).

ARME
Nehmen Sie ein Geländer als Orientierungshilfe, und halten Sie die Arme seitlich gestreckt vor den Körper.

BEINE
Verlagern Sie Ihr Gewicht auf den Hinterfuß, um Ihren Körper in Balance zu halten, während Sie mit dem anderen Fuß den nächsten Schritt machen.

KNIE/FÜSSE
Beugen Sie das Knie des oberen Beins, damit Sie mehr Spiel für das untere Bein haben und besser herunterkommen; die Füß sollten seitlich voneinander getrennt bleiben. Seien Sie vorsichtig, damit Sie nicht ausrutschen.

KOPF
Die vorschriftsmäßige Haltung beim Skifahren heißt: Kopf hoch und Augen nach vorn, um so weit wie möglich zu sehen. Erfühlen Sie die Stellung, und suchen Sie sie nicht krampfhaft.

OBERKÖRPER
Halten Sie Ihren Körper entspannt und etwas vornübergebeugt in der Stellung, die Sie später beim Skifahren brauchen werden.

GLEICHGEWICHT
Regeln Sie Ihr Gleichgewicht in der Verlängerung oberhalb des Fußballens. Kriechen Sie niemals die Treppe im „Absitzen" herunter.

SPIEGLEIN AN DER WAND

DAS GEFÜHL EINPRÄGEN

Der Spiegel ist ein gutes Hilfsmittel, um Ihre Haltung zu überprüfen. Viele Skifahrer erschrecken, wenn sie auf einem Bild oder einem Videofilm ihre schlechte Haltung sehen. Achten Sie genau auf die Übungen in diesem Buch, und machen Sie sie gelegentlich vor dem Spiegel nach.

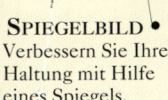

SPIEGELBILD • Verbessern Sie Ihre Haltung mit Hilfe eines Spiegels.

SEITWÄRTSSTEIGEN

Imitieren Sie zu Hause das Seitwärtssteigen ohne die Last der Skier. Stellen Sie sich dabei nicht auf die Kanten der Schuhe. Verlagern Sie Ihr Gewicht von einem Fuß auf den anderen, wenn Sie rauf- und runtersteigen.

STOCKÜBUNGEN

Um das Gefühl dafür zu bekommen, Berge rauf- und runterzugehen, üben Sie mit Ihren Skistöcken oder mit Ersatzmitteln, wie Sie sie hier auf dem Bild sehen können. So sollten Sie hochsteigen: Zuerst den oberen Stock aufsetzen, dann das obere Bein, dann das untere Bein und zuletzt den unteren Stock.

OBERKÖRPER •

Der Oberkörper sollte entspannt und ein wenig vornübergebeugt bleiben, Gewicht über den Hüften, der Blick die Stufen entlang und nicht auf Ihre Füße. Halten Sie Ihr Gleichgewicht, und verlagern Sie Ihr Gewicht ohne dabei hin- und herzuschwanken. Nutzen Sie die Skistöcke fürs Gleichgewicht.

FÜSSE •

Setzen Sie flach mit Ihren Füßen auf dem Boden auf. Achten Sie auf den festen Halt von Zehen und Ferse, und rutschen Sie nicht im Schuh herum. **Beugen** Sie sich im Fußgelenk leicht vorwärts, bis an den Rand des vorderen Stiefels.

VORÜBUNGEN

Gehen Sie in Ihren Skisachen und Skistiefeln nach draußen, und üben Sie die Skihaltung im Garten oder in einem öffentlichen Park. Das hilft, die Zeit des Lernens zu verkürzen, wenn Sie erst einmal auf der Piste stehen. Zum **Einkanten** sollten Sie eine Position wie hier auf dem Bild einnehmen.

GLEICHGEWICHT
Füße und Gelenke nehmen die richtige Querhaltung ein.

AUF DER PISTE STEHEN
Wenn man lernen will, seitlich am Hang zu stehen, muß man eine sichere Haltung einnehmen und mit den Füßen in die Piste kanten. Gehen Sie in die sogenannte „Komma"-Haltung (siehe Seite 60–61), und nutzen Sie sie, um das Gleichgewicht und sich am Berg zu halten.

• **KOPF**
Schauen Sie nach vorn und nicht nach unten. Sehen Sie in die Richtung, in die Sie fahren wollen.

ARME •
Strecken Sie die Arme seitlich vom Körper weg. Tun Sie so, als hätten Sie Stöcke dabei.

FÜSSE •
In der **Querstellung** haben die Füße viel zu leisten. Drehen Sie daher die Füße und Gelenke so, daß Sie in den Hang **kanten** können und Halt bekommen. Wenn Skier und Schnee hinzukommen, werden Sie sich so natürlich bewegen wie auf der Wiese.

DAS GEFÜHL FÜRS KANTEN

LÄNGSSEITS KANTEN
Das **Kanten** ist eine der wichtigsten Techniken beim Skifahren. Denken Sie immer daran, daß erst das Kanten für den richtigen Halt in der Querfahrt sorgt und Sie bei richtiger Bewegung bremsen läßt. Sie verschaffen dem Ski in der Querstellung genügend Kontrolle über seine Fahrt und entscheiden darüber, sich gut am Berg zu halten und in die Richtung zu gelangen, in die Sie möchten. Die beiden wichtigsten Voraussetzungen, um einen guten Griff mit Ihren Kanten zu haben, sind der Winkel der Stiefel und der Skier und nicht zu vergessen der Einsatz Ihres Gewichtes.

Kanten Sie den Ski in der richtigen Reihenfolge, um ausreichend Griff für die Piste zu bekommen, und erhöhen Sie den Druck auf die Kanten um so mehr als die Piste steiler wird. Üben Sie dies, indem Sie Knie und Gelenke beugen, Ihre Turnschuhe oder Skistiefel auf die Kante knicken und dabei die Sohle freigeben. Um diese Bewegung auszugleichen, drehen Sie sich mit Ihrem Oberkörper zum Hang hin. Je steiler die Piste ist, desto weiter sollten Sie sich vorlehnen. Das könnte am Anfang recht schwierig sein, doch es ist die sicherste Haltung. Lehnen Sie sich niemals in den Hang hinein.

DAS GEFÜHL BEKOMMEN • 27

FAKTOR FITNESS

BEUGEN UND STRECKEN
Skifahren ist Sport. Er kann in vielen Könnensstufen ausgeübt werden, es ist und bleibt aber Sport. Wollen Sie ihn so richtig genießen, werden Sie mehr davon haben und am Abend nicht so müde sein, wenn Sie schon vor der Piste was für das Fitsein tun. Einige Sportarten sind besonders zur Vorbereitung geeignet, weil sie dieselben Muskeln ansprechen, die gleiche Energie wie beim Skilauf brauchen und sich dort gut Koordinationsbewegungen schulen lassen. Skilaufen trainiert den Körper vornehmlich durchs Beugen, Strecken, Drehen und Belasten. Daher gibt es einen großen Bedarf, die physischen Anforderungen zu meistern, doch hat die Beinmuskulatur so viel zu (er)tragen, daß Leute, die völlig untrainiert im Schnee auftauchen, finden werden, daß Skilaufen ein hartes Stück Arbeit ist.

PEDALDRUCK
Fahrradfahren kann eine ähnliche Reaktion in der Beinmuskulatur hervorrufen, wie man sie zum Skidrehen braucht, da der Druck auch beim Pedaltreten von einem Bein aufs andere verlagert wird, genauso als würde man beim Skifahren einen Schwung einleiten.

GLEICH-GEWICHT
Skifahren beansprucht wie Tennis und Radfahren nur eine schmale Bewegungsplattform.

KOORDINATION UND GEWICHTSVERLAGERUNG
Tennis erfordert eine gute Hand-Auge- und Bein-Koordination, gutes Gleichgewichtsgefühl und die Fähigkeit zu schneller Gewichtsverlagerung: Fähigkeiten, die alle auch beim Skilaufen gebraucht werden und oftmals dieselben Muskeln ansprechen (siehe unten).

KNIE
Schieben Sie Ihr Gewicht über das vordere, gebeugte Knie. **Verlagern** Sie dann Ihr Gewicht von einem Fuß auf den anderen; dies ist eine der wichtigsten Techniken beim Skilaufen.

BEINE STRECKEN
Fahrradfahren trainiert Unter- und Oberschenkel, indem man sie wie beim Skidrehen belastet und sie beim Pedaltreten wieder streckt – wie bei der **Schußfahrt** auf der Piste.

DIE PRAXIS

Ein erster Blick auf den Skikursus

Willkommen bei unserem kleinen Skikursus. Üben Sie alle 14 Techniken, die hier aufgereiht sind, und Sie werden den Kursus mit einem guten Überblick über die Grundlagen des Skifahrens in Erinnerung behalten und, genauso wichtig: Sie werden Vertrauen in Ihre eigenen Fähigkeiten bekommen, und zwar schneller, als es wieder schwinden kann. Der Kursus vermittelt nicht nur Fertigkeiten, sondern versucht auch Fehler auszumerzen, die schon so manchen vom Skilaufen abgehalten haben. Der Schwerpunkt ist, eine durch und durch richtige Basis zu schaffen mit ständigen Übungen, um die Bedeutung einer guten Haltung, eines natürlichen Gleichgewichts und den Glauben an das gute Gefühl beim Skifahren zu unterstreichen und zu fördern.

ERSTER TEIL		Stunden	Seite
Technik 1	Vorbereitung	½	30-33
Technik 2	Skigewöhnung	½	34-35
Technik 3	Fallenlernen	½	36-39
Technik 4	Wiederaufstehen	½	40-41
Technik 5	Seitwärtssteigen	½	42-43
Technik 6	Richtungswechsel	1	44-47
Technik 7	Schneepflug	1½	48-51
Technik 8	Schußfahren	1	52-53

Richtungswechsel (Seite 46)

Schneepflug (Seite 49)

DER VERLAUFSPLAN • 29

WAS SAGEN DIE SYMBOLE?

ZEITRAUM
Auf der ersten Seite jeder neuen Technik soll eine kleine Uhr in ihrem blauen Abschnitt anzeigen, wie lange Sie brauchen sollten, um die Technik zu erlernen und wieviel Zeit es insgesamt ausmacht innerhalb des Kursus. Die Uhr auf Seite 54 beispielsweise gibt Ihnen 2 Stunden Zeit, den Schneepflug zu erlernen. Bleiben Sie aber trotzdem flexibel, und nehmen Sie die Uhr nur als ungefähren Anhaltspunkt. Jeder Schüler wird seine eigenen zeitlichen Vorstellungen haben, eine Technik zu begreifen.

SCHWIERIGKEITSTUFE •••••
Jede Technik wird bezüglich ihrer Schwierigkeiten anders eingeschätzt. Ein Punkt (•) heißt, daß sie einigermaßen leicht zu erlernen ist, fünf Punkte (•••••) stellen hohe Anforderungen.

SKIMÄNNCHEN
Die Skimännchen, sollen Ihnen helfen, Sie an die einzelnen Schritte und Abschnitte Ihrer Technik heranzuführen. Das blaue Männchen weist auf den Abschnitt hin, den Sie auch als Foto im Buch sehen werden.

PFEILE
Der blaue, gestrichelte Pfeil kennzeichnet die Fallinie, den steilsten, direktesten Weg nach unten; der blaue Pfeil weist auf die Be- und Entlastungsphasen hin und der rote Pfeil auf die allgemeinen Bewegungen des Körpers.

Fallinie *Gewicht* *Bewegungen*

ZWEITER TEIL

		Stunden	Seite
Technik 9	Pflugbogen	2	54-59
Technik 10	Schrägfahrt	1/2	60-61
Technik 11	Timing	1	62-65
Technik 12	Seitrutschen	1	66-69
Technik 13	Geländeschule	1	70-75
Technik 14	Feinabstimmung	1/2	76-79

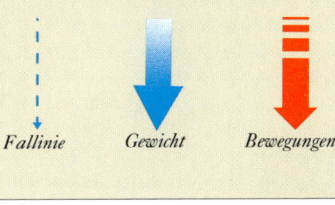

Seitrutschen (S. 69)

Schneepflug (Seite 55)

Schneepflug-Stopp (Seite 79)

AUFGABE 1 — VORBEREITUNG

Skier tragen und anziehen; die natürliche Skihaltung finden

Bevor Sie Ihre Skier zur Piste tragen, müssen Sie erst einmal selbst hinkommen, vollständig bekleidet und ausgerüstet; gleichzeitig müssen Sie sich darauf einstellen, eine neue Reihe von Techniken zu erlernen in einer ungewohnten und schlecht einzuschätzenden neuen Umgebung. Nehmen Sie sich Zeit, sich auf der glatten Oberfläche an die Skier zu gewöhnen. Entspannen Sie sich, und bleiben Sie ruhig.

ZIEL: Um frühere Fehler zu vermeiden, sollten Sie sich Zeit nehmen, sich an Ihre Skier zu gewöhnen. *Stufe* ● ●

SKIER TRAGEN

Packen Sie Ihre Skier zusammen und legen Sie sie vor der **Bindung** auf die Schulter ab. Drücken Sie die **Skispitzen** herunter, indem Sie einen Arm über die Skier legen. Achten Sie darauf, daß das Skiende keine Leute behindert.

Skistöcke als Gehhilfe

STOPPER SCHLIESST SKI

SCHLIESS-FEST

Skibremsen sind eigentlich dazu gedacht, Skier nach dem Sturz am Wegrutschen zu hindern. Sie können sie aber auch dazu nutzen, sie zum besseren Tragen der Skier zusammenzuklemmen.

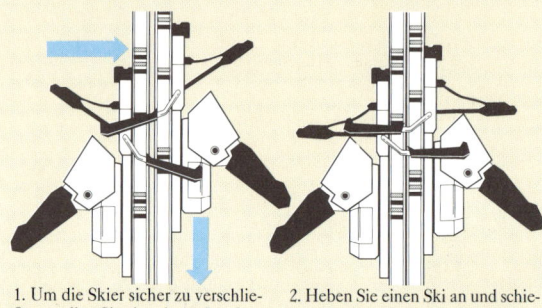

1. Um die Skier sicher zu verschließen, stellen Sie sie mit der Lauffläche zueinander aufs Skiende.

2. Heben Sie einen Ski an und schieben Sie einen Stopper unter den anderen, lassen Sie ihn wieder sinken und stecken Sie sie zusammen.

WIE STEIGE ICH IN DIE SKI?

Prüfen Sie zuerst die **Bindung** und sehen Sie nach, ob die Fersenautomatik geöffnet ist. Klopfen Sie dann den Schnee unter dem Skistiefel ab, mit Hilfe des **Skistocks** oder Ihres anderen Schuhs. Suchen Sie sich ein flaches Stück aus, um in den Ski zu steigen. Wenn Sie eins auf der Piste gefunden haben, ziehen Sie sich immer erst den unteren Ski an, um ihn zwecks besseren Haltes in den Schnee zu **kanten**.

1. Legen Sie sich die Skier flach hin und kratzen Sie sich den Schnee unterm Schuh mit dem Skistock ab.

2. Steigen Sie mit einem Schuh in die Bindung, und treten Sie fest die Ferse herunter, bis es einklackt.

3. Klopfen Sie den Schnee vom zweiten Stiefel ab. Halten Sie das Gleichgewicht mit den Skistöcken, und steigen Sie in den zweiten Ski ein.

SKIHALTUNG

Obwohl die Skihaltung nicht gerade natürlich wirkt, sollte sie sich doch in ihrer klassischen Form ein wenig Ihrer natürlichen Bewegung anpassen, beim **Beugen** und Halten des Oberkörpers zum Beispiel. Die **Vorlage** in den Skischuhen und die Länge Ihrer **Stöcke** helfen Ihnen, die richtige Haltung einzunehmen. Übungen vor dem Start auf der Piste erleichtern Ihnen ebenso das Finden der Skihaltung und den Körpereinsatz über den Skiern.

UNTERKÖRPER •
Entspannen Sie Ihre Beine und beugen Sie die Knie so weit vor, daß sie sich ungefähr über dem Vorderschuh befinden. **Beugen** Sie auch das Fußgelenk nach vorn, und drücken Sie das Schienbein gegen die Zunge des Skistiefels. Versichern Sie sich, daß die Füße getrennt stehen und daß Sie sich mit Ihrem Körpergewicht ruhig nach vorne legen.

• KOPF
Halten Sie den Kopf aufrecht, Augen nach vorn und den Nacken entspannt. Schauen Sie nicht auf die **Skispitzen**.

• ARME
Nehmen Sie die Arme locker über die Hüften nach vorne, und **beugen** Sie die Ellenbogen. Vermeiden Sie, die Arme steif zu halten.

• OBERKÖRPER
Nehmen Sie den Oberkörper in Höhe der Hüften nach vorn, und verlagern Sie Ihr Gewicht auf die Fußballen. Vermeiden Sie, Ihr Hinterteil herauszustrecken.

• SKIER
Halten Sie die Skier flach und parallel auf dem Schnee, und überkreuzen Sie sie nicht.

DIE ERSTEN SCHRITTE

AUFGABE 1

Üben Sie, Ihr **Körpergewicht** von einem Ski auf den anderen zu **verlagern** und dabei mit Hilfe der **Skistöcke** Ihr Gleichgewicht zu halten. Es wird Ihnen zuerst merkwürdig vorkommen, sich auf Skiern fortzubewegen, aber nach und nach wird es immer leichter werden, und Sie werden sich an die langen Bretter unter Ihren Füßen gewöhnen.

ANHEBEN
Heben Sie einen Ski an, indem Sie die **Skispitze** auf dem Boden lassen. Ihr ganzes Gewicht ist nun auf dem unteren Ski. Halten Sie die Balance, bevor Sie den Ski wieder herunterlassen, ihn **belasten** und das gleiche mit dem anderen machen.

• BEIN
Heben Sie das Bein so weit an, bis das Knie gut **gebeugt** ist. Das Fußgelenk sollte ebenfalls gebeugt sein, so daß die **Skispitze** auf dem Schnee bleibt.

• SKISTÖCKE
Halten Sie das Gleichgewicht mit Hilfe der **Skistöcke**.

• SKISPITZEN
Achten Sie darauf, daß die **Spitze** des oberen Skis den Schnee berührt.

ALLES IM GRIFF?

Die **Skistöcke** fest im Griff zu haben, ist ein erster Schritt zum guten Skilauf. Genauso wichtig ist es, die Schlaufen richtig zu umschließen; sie sollten nicht schlaff vom Handgelenk herunterbaumeln. Die Schlaufen sollen verhindern, daß Sie die Skistöcke bei der Abfahrt verlieren. Beachten Sie daher unbedingt folgende Hinweise:

1 Halten Sie die Schlaufe etwas vom Skistock ab, und schlüpfen Sie mit der Hand von unten hindurch.

2 Versichern Sie sich, daß sich die Schlaufe auf dem Handrücken, genau hinter dem Daumen, befindet.

3 Ziehen Sie die Schlaufe herunter, so daß sie sich fest über Ihrem Handrücken befindet.

VORBEREITUNG • 33

KANTENÜBUNG

Stellen Sie sich auf die **Kanten,** wie unten auf dem Bild zu sehen. Achten Sie dabei auf die Haltung der **Skistöcke** und daß sich der Oberkörper im Gleichgewicht hält. Setzen Sie die Übung fort, indem Sie den **gekanteten** Ski voll belasten und den anderen Ski kurz anheben.

MIT DEM SKI GEHEN

Eine Gehübung auf Skiern hat zwei Vorteile: Erstens hilft sie, sich durch Aufwärmung und Dehnung der Muskulatur aufs Skifahren vorzubereiten; und zweitens, Ihre Fähigkeit zu testen, das **Gewicht** von einem auf den anderen Ski zu **verlagern.** Schauen Sie nach unten, und achten Sie genau darauf, daß der eine Ski belastet wird und sich der andere unbelastet nach vorne schiebt. Das Gewicht ist dabei immer auf dem vorderen Ski, und der Oberkörper sollte während der ganzen Übung eine leichte Vorlage aufweisen.

DURCHDRÜCKEN
Die gewölbte Skimitte sollte mit ihrer **Innenkante** in den Schnee gedrückt werden.

GEWICHTS-VERLAGERUNG
Üben Sie die **Gewichtsverlagerung** von einem Ski auf den anderen, indem Sie den einen Ski nach vorne schieben und den anderen unbelastet lassen, um ihn besser zu bewegen. Ihre Skihaltung sollte dabei gleich bleiben.

Gehen Sie hin und her, und verlagern Sie ruhig Ihr Gewicht.

ARME
Halten Sie die Arme vor dem Oberkörper und die Ellenbogen gebeugt. Ein Teil Ihres Gewichtes drückt sich in die Schlaufen der **Skistöcke.**

OBERKÖRPER
Lehnen Sie sich mit dem Oberkörper über das vordere Bein. Sie können das Gleichgewicht halten, indem Sie sich mit den **Skistöcken** abdrücken und das Gewicht auf dem vorderen Bein belassen.

BEINE
Schieben Sie den Ski so weit zurück, daß das hintere Bein gestreckt und das vordere Bein so gebeugt ist, wie auf dem Bild zu sehen.

SKIER
Achten Sie auf das seitliche **Ankanten** der Skier, damit Sie einen sicheren Halt auf der Piste haben.

34 • DIE PRAXIS

AUFGABE 2

SKIGEWÖHNUNG

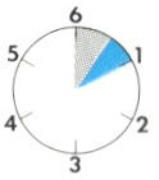

Im Flachen gehen, gleiten, rutschen

Ihre ersten Schritte auf Skiern können auch schnell Ihren ersten Sturz verursachen. Deshalb sollten Sie die Eingewöhnung ernst nehmen, auf den Skiern gehen und im Flachen **Gleiten** üben, ohne sich allzusehr anzustrengen, vor allem aber, um ein Gefühl für die Ausrüstung zu bekommen.

ZIEL: Ein Gefühl dafür bekommen, auf Skiern zu stehen. *Stufe* •••

GEHEN

Gehen Sie so wie beim normalen Gehen auf der Straße, indem Sie jeden Arm entgegengesetzt der Beine nach vorne schwingen, und **schieben** Sie den Ski über den Schnee, ohne ihn dabei zu hoch anzuheben. Achten Sie darauf, nicht auf den Teller Ihres Skistocks oder auf den anderen Ski zu treten. Üben Sie niemals zu hastig.

BEINE •
Machen Sie kurze Schritte, halten Sie die Knie gebeugt und Ihr Gewicht gut verteilt, und verlagern Sie es auf den Ski, mit dem Sie vorrücken wollen. Sie sollten die oberen Schnallen Ihrer Stiefel dabei aufmachen, um sich besser bewegen zu können.

• **KOPF**
Schauen Sie aufrecht und nach vorn, nicht auf die Ski. Achten Sie auf die Koordination Ihrer Arm- und Beinbewegungen.

• **ARME**
Schwingen Sie abwechselnd Ihre Arme nach vorn, halten Sie den Ellenbogen gebeugt, und **stechen** Sie die **Skistöcke** fest in den Schnee ein, um die Balance zu halten. Überholen Sie nicht mit den Armen; Sie könnten sonst stürzen.

SKIER •
Halten Sie die Skier parallel und voneinander getrennt auf dem Schnee, so daß Sie nicht auf die **Skispitzen** oder das **Skiende** treten.

SKIGEWÖHNUNG • 35

CHECKLISTE

JA UND NEIN

- Nicht auf die Skier gucken.
- Spannung vermeiden im Nacken und Schultern.
- Nicht zu viel zumuten; keine übertriebenen Bewegungen.
- Arme beugen und rhythmisch schwingen.
- Knie gebeugt halten, und Gewicht über beide Skier verteilen.
- Skier parallel in den Schnee aufsetzen.
- Gleiten Sie mit dem Ski, nicht auftreten.
- In rhythmischer Bewegung gleiten.
- Verlassen Sie sich nicht allein auf die Armkraft, um sich abzustoßen.

DOPPELSTOCKSCHUB
Lassen Sie Ihren Oberkörper nach vorne fallen, mit dem Gewicht auf den Skistöcken; dies sollte den Schub bewirken, nicht die Kraft Ihrer Arme.

GLEITEN

Ihre Skier sind zum Gleiten da und werden es auch tun, wenn Sie auf der Piste den **Doppelstockschub** anwenden. Schieben Sie die gestreckten Arme nach vorn, und **stechen** Sie beide **Skistöcke** gleichzeitig **ein**; dann gehen Sie in die Vorlage, verlagern Sie Ihr Gewicht auf die Stöcke, und **schieben** Sie sich nach vorne. Drücken Sie sich weiter zwischen die Stöcke durch, bis sie hinter Ihnen sind, und bringen Sie dann die Arme wieder nach vorn.

• **KOPF**
Die Augen schauen vorwärts, der Nacken ist entspannt. Schauen Sie nicht auf die Füße oder **Skispitzen**.

ARME •
Halten Sie die Arme gebeugt und die **Skistöcke** ein wenig geneigt, auf keinen Fall aber vertikal, wenn Sie die Stöcke **einstechen**. Die Arme sollten sich beim Schwung erholen.

• **ARME**
Beugen Sie die Arme, strecken Sie sie nicht zu weit aus, aber gestreckt im Ellenbogen, um das **Gewicht des Körpers** auf die **Stöcke** zu bringen.

• **BEINE**
Beugen Sie die Beine, und halten Sie sie auseinander (versichern Sie sich, daß sich die Knie wie immer in Höhe des Vorderschuhs befinden), und verlagern Sie Ihr Gewicht.

AUFGABE 3 · FALLENLERNEN

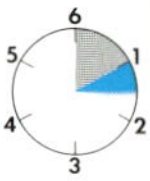

Richtig stürzen zu lernen gehört zum Skifahren

Jeder kann mal stürzen: Anfänger, Olympionike, Worldcupfahrer. Also keine Angst! Natürlich können Stürze verletzen oder Verletzungen verursachen, doch sollten Sie vor allem die Technik des Fallens lernen, weil Stürzen (und Aufstehen) sehr ermüdend sein kann, wenn man es nicht richtig macht. Lernen Sie, kontrolliert zu fallen; das erleichtert auch das Aufstehen.

ZIEL: Lernen Sie, sicher und leicht zu fallen. *Stufe* •••••

ARME
Spreizen Sie die Arme weit ab, um sie nicht zu gefährden.

3. Schritt
DIE STELLE SUCHEN

Ergeben Sie sich Ihrem Schicksal, wenn es so weit ist, aber suchen Sie sich dafür den richtigen Platz aus; tun Sie alles, um Eis, Steinen oder anderen Skifahrern auszuweichen. Fallen Sie zuerst aufs Hinterteil.

KNIE
Entspannen Sie Beine und Knie, und lassen Sie Ihr Hinterteil die Hauptarbeit machen. Sie sollten nicht auf Ihre Knie oder Ellenbogen fallen, da man sich dort sehr schnell etwas beschädigt oder verrenkt.

Drehung

RUMPF
Drehen Sie Ihren Oberkörper, damit Sie beim Fallen genügend Fläche haben. Halten Sie die **Skistöcke** weit weg.

BEINE
Entspannen Sie die Beine und nehmen Sie, wenn möglich, beim Sturz Ihre Füße zusammen.

SKIER
Fallen Sie mit Ihren Skiern quer zur Fallinie, und drehen Sie die Innenkanten zum Hang, um ein Abrutschen zu vermeiden.

Fallinie

SICH QUER ZUR FALLINIE HALTEN

IM RICHTIGEN WINKEL
Da die Fallinie der steilste Weg ins Tal bedeutet, stürzen Sie unbedingt immer quer zu ihr; damit verhindern Sie, daß Sie noch weiter in die Tiefe gezogen werden. Versuchen Sie, auch die Skier im richtigen Winkel zum Schnee zu kanten, denn **Kanten** wirken wie Bremsen (siehe Seite 51). Ist der Sturz vorüber, stehen Sie nicht allzu hastig wieder auf. Bleiben Sie ruhig, entfernen Sie den Schnee von Ihrer Sonnen- oder Schutzbrille, überprüfen Sie Ihre Skier, **Bindung** und **Stöcke,** und versichern Sie sich, daß die Skier quer zur **Fallinie** liegen.

BEINMUSKULATUR
Richten Sie sich auf, als würden Sie ein Sprungbrett zum Aufstehen benutzen. Nehmen Sie die Skier quer zur **Fallinie,** und drücken Sie die Kanten zum Berg hin in den Schnee, oder Sie werden wieder wegrutschen, bevor Sie richtig stehen.

Fallinie

---

4. Schritt
HINSETZEN

Fallen Sie, wenn möglich, mit dem Hinterteil zur Bergseite hin. Setzen Sie sich dabei nicht auf die **Skienden,** denn sonst könnte es passieren, daß Sie völlig außer Kontrolle die Piste herunterrodeln. Versuchen Sie, sanft zu fallen und nicht ganz plötzlich herunterzuplumpsen.

ARME
Spreizen Sie die Arme ab und halten Sie die Skistöcke vom Körper weg; vermeiden Sie, den Hang herunterzurollen.

SKISTÖCKE
Halten Sie die **Skistöcke** vom Körper weg. Sie werden Sie wieder brauchen, um sich aufzurichten; sorgen sie also dafür, daß Sie sie sich nicht unter Ihrem Körper einklemmen.

KÖRPER
Bleiben Sie auf dem Hinterteil und Ihren Hüften liegen, mit gebeugten Knien weg vom Schnee, und schützen Sie die Gefahrenzonen Handgelenke und Ellenbogen. Versuchen Sie stets auf den weichen Teil des Körpers zu fallen.

Fallinie

38 • **DIE PRAXIS**

AUFGABE
3

KONTROLLIERTES FALLEN

Die richtige Reihenfolge beim Stürzen (siehe rechts oben bis links unten) hat das Ziel, sicher zu fallen. Sie mindert den Aufprall auf die Weichteile des Körpers und auf die Gelenke und sollte in einer Lage enden, aus der man wieder leicht aufstehen kann. Erinnern Sie sich daran, daß das schnelle Fallen die Absicht hat, solche Schäden zu vermeiden, wie es langsame Stürze zur Folge haben könnten. Deshalb: Wann immer möglich, suchen Sie sich Ihren Platz aus zum Stürzen, und fallen Sie zuerst auf Ihr Gesäß.

HÄUFIGE FEHLER

SKISTOCK ZUM STOPPEN
Stechen Sie nicht mit den **Skistöcken** in den Schnee! Sie könnten sich Ihr Handgelenk verletzen und es sich unangenehm verzerren. Halten Sie die Stöcke nach hinten weg.

AUF DIE HÄNDE FALLEN
Vermeiden Sie einen Sturz auf die Hände; Ihre Arme sind gebrechlicher als die Beine. Wenn Sie vornüber fallen, versuchen Sie sich zur Seite zu rollen.

• **BEINE**
Die Beine sollten gebeugt und die Knie aus dem Schnee gehalten werden. Ziehen Sie die Beine bis unterhalb der Hüfte an: Diese Position wird Ihnen helfen, das Gleichgewicht wiederzufinden.

SKIER •
Winkeln Sie Ihre Skier quer zur **Fallinie** an, und halten Sie sie **gekantet.** Die Kanten sind Ihre Bremse. Diese Lage schützt Sie vor dem **Abrutschen** und hilft Ihnen halbwegs beim Aufstehen.

FALLENLERNEN • 39

ENTSPANNEN
Die plötzliche Wahrnehmung eines drohenden Sturzes mag Ihnen Angst machen, doch bleiben Sie ruhig: Der Schnee ist weich! Schauen Sie nach vorn, und suchen Sie sich die richtige Stelle aus. Versuchen Sie, sich nicht gegen den Sturz zu sträuben, sondern ihn zu kontrollieren.

HINSETZEN •
Beginnen Sie die Skier zu drehen und zu **kanten,** indem Sie sich hinsetzen und Ihre Hüfte zum Schnee hin wenden; das wird die Geschwindigkeit drosseln und den Aufprall mindern. Halten Sie die **Skistöcke** weit weg, und setzen Sie sich nicht auf die Stöcke oder Skier.

• **ARME**
Spreizen Sie die Arme so weit gestreckt ab wie möglich, um einen Sturz zu verhindern, und nehmen Sie Ihre **Skistöcke** aus dem Weg.

• **OBER-KÖRPER**
Lassen Sie den Oberkörper **gebeugt.** Versteifen Sie aber nicht, und setzen Sie sich hinten ab, um die Höhe und Distanz zum Schnee zu mindern.

• **KÖRPERDREHUNG**
Haben Sie nun die Skier quer zur **Fallinie** gestellt, drehen Sie den Oberkörper, um die Knie aus dem Gefahrenpunkt zu bringen, und drehen Sie auch die Hüfte zur Piste hin. Lassen Sie dabei die Knie die ganze Zeit gebeugt.

Fallinie

DIE ANGST VOR DEM FALLEN

JEDER KANN MAL STÜRZEN
• Fallen gehört zum Skilaufen: haben Sie also keine Angst davor. Denken Sie daran, vorher zu schauen, wohin Sie fallen, und stürzen Sie so kontrolliert, daß Sie den Aufprall mindern und Sie sicher sind, wann der Sturz endet und Sie wieder aufstehen können.

• Wenn Ihre Skier dabei aufgehen, müssen Sie sie suchen und den Schnee von der **Bindung** klopfen, bevor Sie wieder losfahren.

DEN STURZ ABBREMSEN
• Das ist leichter gesagt als getan; versuchen Sie aber trotzdem, den Sturz auf Eis und Fels zu vermeiden, sonst werden Sie unvermeidlich fallen. Achten Sie besonders darauf, nicht auf die Knie, Handgelenke oder Ellenbogen zu fallen.

• Stürzen Sie quer zur **Fallinie,** dem direktesten Weg ins Tal. Das verschafft Ihren Skiern eine Achse des Widerstandes davor, weiter nach unten zu **rutschen;** und ebenso eine sichere Basis, wieder weiterzufahren.

AUFGABE 4

WIEDER AUFSTEHEN

Mit möglichst wenig Mühe wieder aufstehen

Sie haben nun das Fallen gelernt, also müssen Sie auch wieder richtig aufstehen können, um weitere Stürze zu vermeiden. Kommen Sie wieder zu Atem. Befreien Sie sich vom Schnee, und machen Sie, wenn nötig, Ihre Skier fest. Entspannen Sie, und fassen Sie sich wieder. Achten Sie auf die **Fallinie.**

ZIEL: Wieder sicher hochkommen. *Stufe* ••••

• **ARME**
Strecken Sie die Arme dicht am Kopf vorbei hoch. Lassen Sie sie aber nicht nur am Griff der **Stöcke,** gehen Sie mit den Händen fest in die Schlaufen.

----- 1. Schritt -----
STOCK ALS STÜTZE

Die Skier liegen gerade, die Knie sind gebeugt, die Bretter werden **gekantet**, um gut aufstehen zu können. **Stechen** Sie die **Skistöcke** auf beiden Seiten Ihres Körpers mit stark gestreckten Armen in den Schnee. Der Impuls zum Hochdrücken sollte dabei aus den Beinen und nicht aus den Armen kommen, da die Beine stärker sind und nicht so schnell ermüden.

• **SKIER**
Stellen Sie die Skier nah zu den Hüften auf, seitlich voneinander getrennt und quer zur **Fallinie eingekantet.** Verlagern Sie den größten Teil Ihres Gewichtes auf den unteren Ski.

STÖCKE ZUSAMMEN

NUTZEN SIE BEIDE STÖCKE ZUM HOCHKOMMEN
Auf einer steilen und harten Piste ist es einfacher, sich mit Hilfe beider **Skistöcke** hochzudrücken, während die Skier quer zur **Fallinie** bleiben.

1. Nehmen Sie die Hände aus den Schlaufen heraus, und drücken Sie die Skistöcke zusammen.
2. **Stechen** Sie beide **Skistöcke** gemeinsam neben den Hüften in den Schnee, eine Hand nahe am Teller und die andere am Griff über den Schlaufen.
3. Wenn Sie nun mit den Beinen hochkommen, sollten Sie sich mit den Knien und mit der Hilfe der Skistöcke fest abdrücken.

WIEDER AUFSTEHEN • 41

DIE HELFENDE HAND

Eine helfende Hand ist natürlich immer willkommen, besonders im tiefen Schnee, wo die Füße und Hände nur sehr schwer Halt bekommen. Versichern Sie sich vorher, daß Sie mit beiden Skiern quer zur **Fallinie** stehen. Selbst auf einer flachen **Piste** und mit der Hilfe eines anderen Skiläufers (rechts) können Ihnen die Skier wegrutschen; **kanten** Sie deshalb die Skier in den Schnee. Greifen Sie nach dem Handgelenk des Helfers, möglichst im Doppelgriff. Die meiste Arbeit haben beim Aufstehen die Beine zu verrichten (halten Sie sie gebeugt und vermeiden Sie, die Hüfte zu strecken); der Skifahrer wird Ihnen helfen, das Gleichgewicht zu halten. Beugen Sie Ihren Oberkörper, und halten Sie die Balance beim Aufstehen; andernfalls werden Sie **wegrutschen** und sich beide Skifahrer irgendwo in einem Knäuel wiederfinden.

Helfer

Sturzopfer

2. Schritt
AUFRICHTEN

Stehen Sie auf, indem Sie die Beine hochdrücken und die Skier **einkanten.** Lassen Sie sich nicht wieder zurückfallen. Ziehen Sie sich nach vorn auf die **Skistöcke**, so daß Ihr Gewicht gut über den Skiern liegt, wenn Sie wieder in der Vertikalen sind; natürlich sind die Skier dabei die ganze Zeit über eingekantet. Zur Erinnerung: gebrauchen Sie Ihre Beine, halten Sie das Gleichgewicht und die Skier gekantet.

• **GRIFF**
Drehen Sie das Handgelenk so, daß der Handrücken nach vorne schaut. Die Ellenbogen zeigen nach unten, die Hände befinden sich in Schulterhöhe.

Fallinie

AUFGABE 5

SEITWÄRTSSTEIGEN

Höhe gewinnen und die Richtung beibehalten

Dies ist der beste Weg, eine steilere Piste hochzukommen, und auch ein Weg, den Sie täglich nutzen werden, um sich rauf und runter, quer zur **Fallinie** zu bewegen. Die **Seitschritte** werden Ihnen helfen, Höhe zu gewinnen, um den besten Startplatz für die Abfahrt auszumachen.

ZIEL: Die Piste sicher rauf- und runtersteigen. *Stufe* ••••

KOPF
Schauen Sie nach vorn oder die Piste hinunter, aber nicht den Berg hoch. Sie sollten die richtige Stellung quer zur Fallinie erfühlen, statt nach ihr zu suchen.

AUSGANGSSTELLUNG

Diese Stellung sollten Sie schon vor dem Spiegel geübt haben, oder zu Hause vor dem Skilauf auf der Treppe; wenn ja, werden Sie auch gut stehen (siehe Seite 27). Das Geheimnis des richtigen **Seitwärtssteigens** ist es, das Gleichgewicht zu halten und die Skier quer zur **Fallinie einzukanten**.

OBERKÖRPER
Lehnen Sie den Oberkörper ein wenig vor und gebeugt, um einen Teil des Gewichtes auf die **Skistöcke** zu verlagern.

KNIE
Beugen Sie Ihre Knie, und drehen Sie sie bergwärts, um besser **kanten** zu können.

SKIER KANTEN
Die **Kanten** sorgen für den richtigen Griff. Je steiler die Piste, desto mehr müssen Sie kanten.

SEITWÄRTSSTEIGEN

SCHRITT FÜR SCHRITT
1.–3. Schritt

Der wichtigste Weg zum erfolgreichen **Seitwärtssteigen** ist der Wechsel der Gewichtsverlagerung von einem auf den anderen Ski. Dabei sollten Sie die Skier quer zur **Fallinie** stellen. Bewegen Sie niemals mehr als einen Arm oder ein Bein gleichzeitig, und nehmen Sie die korrekte Skihaltung ein. Sie können das Seitwärtssteigen auch zum Absteigen der Piste nutzen. Achten Sie immer darauf, die Skier quer zur Fallinie zu halten.

• **KÖRPERGEWICHT**
Halten Sie das Körpergewicht auf dem Talski, wenn Sie noch stehen. Stellen Sie dann beim Hochgehen den oberen Ski aus, und **verlagern** Sie Ihr **Gewicht** auf ihn. Dann steigen Sie hoch, indem Sie das Körpergewicht wieder auf den Talski verlagern, um den nächsten Schritt vorzubereiten. Wiederholen Sie dies, Schritt für Schritt.

• **GLEICHGEWICHT**
Gehen Sie nicht zu schnell. Bleiben Sie in der Balance, indem Sie Ihr Gewicht vorsichtig von einem auf den anderen Ski verlagern; nehmen Sie die **Skistöcke** zur Hilfe.

• **GEWICHTSVERLAGERUNG**
Achten Sie auf die **Gewichtsverlagerung** vom unteren auf den oberen Ski. Lehnen Sie dabei den Oberkörper nicht zu sehr nach vorn.

• **SKIER**
Stellen Sie Ihre Ski parallel und quer zur **Fallinie**. Sollten Sie diese Position nicht beibehalten, werden Sie vor oder rückwärts **rutschen**.

• **GEWICHT**
Sie haben nun das **Gewicht** auf den Bergski **verlagert** und werden in der Lage sein, den Talski parallel beizustellen.

• **SKISTÖCKE**
Gebrauchen Sie Ihre **Skistöcke**, um das Gleichgewicht zu halten, aber halten Sie sie von den Skiern fern. Treten Sie nicht auf die Teller.

ARME
Halten Sie Ihre Arme vom Körper fern, um für das Gleichgewicht zu sorgen, treten Sie nicht auf Teller oder Ski.

ARME
Nehmen Sie die Arme vom Körper weg, um für ein besseres Gleichgewicht zu sorgen; vermeiden Sie auf den Teller des **Skistocks** zu treten.

Fallinie

AUFGABE 6
RICHTUNGSWECHSEL

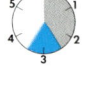

Wählen Sie die Richtung, in die Sie wollen; Sie beginnen, Ski zu laufen

Um endlich Ski zu laufen und sich fortzubewegen, müssen Sie sich zuerst drehen oder auf engem Raum die Richtung ändern. Der häufigste Fehler dabei ist, sich mit dem einen Ski auf das **Skiende** des anderen zu stellen und nicht vorwärts zu kommen. Machen Sie kleine, kontrollierte Bewegungen, wie hier bei diesem **Drehstern**.

Drehstern auf flacher Piste

ZIEL: Lernen Sie, sich richtig zu drehen; auf dem Raum, den Sie zur Verfügung haben. *Stufe* ••••

IM FLACHEN

Stellen Sie sich vor, Ihre Skier seien die Zeiger einer Uhr.

1. Schritt
DREHUNG EINLEITEN

Beginnen Sie mit beiden Skiern; heben Sie den vorderen Teil eines Skis an, und drehen Sie ihn ungefähr 30 Zentimeter weit; lassen Sie dabei das **Skiende** auf dem Boden und nah am anderen Ski. Nehmen Sie Ihre **Skistöcke** zur Hilfe.

BRETTMUSTER

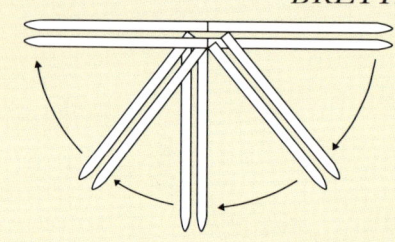

Denken Sie sich, die Skier seien Zeiger einer Uhr, die sich vom **Skiende** aus drehen würden (links). Es wäre genauso möglich, sich von der **Schaufel** aus zu drehen – das Prinzip kleiner, kontrollierter Bewegungen und der **Gewichtsverlagerung** bliebe erfüllt. Üben Sie, wie hier gezeigt, mit einem 180-Grad-**Drehstern** und achten Sie auf das Muster, das die Skier im Schnee hinterlassen.

RICHTUNGSWECHSEL • 45

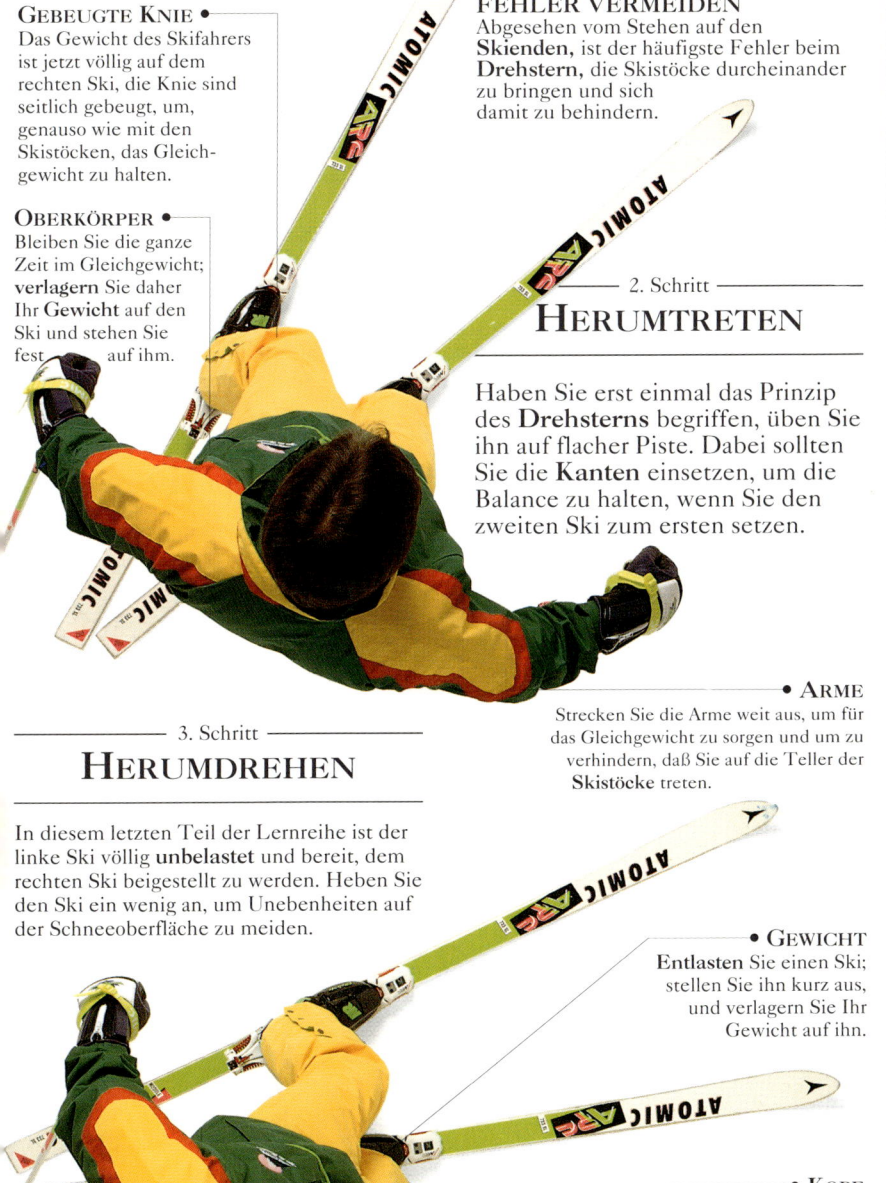

GEBEUGTE KNIE •
Das Gewicht des Skifahrers ist jetzt völlig auf dem rechten Ski, die Knie sind seitlich gebeugt, um, genauso wie mit den Skistöcken, das Gleichgewicht zu halten.

OBERKÖRPER •
Bleiben Sie die ganze Zeit im Gleichgewicht; **verlagern** Sie daher Ihr **Gewicht** auf den Ski und stehen Sie fest auf ihm.

FEHLER VERMEIDEN
Abgesehen vom Stehen auf den **Skienden**, ist der häufigste Fehler beim **Drehstern**, die Skistöcke durcheinander zu bringen und sich damit zu behindern.

2. Schritt
HERUMTRETEN

Haben Sie erst einmal das Prinzip des **Drehsterns** begriffen, üben Sie ihn auf flacher Piste. Dabei sollten Sie die **Kanten** einsetzen, um die Balance zu halten, wenn Sie den zweiten Ski zum ersten setzen.

• ARME
Strecken Sie die Arme weit aus, um für das Gleichgewicht zu sorgen und um zu verhindern, daß Sie auf die Teller der **Skistöcke** treten.

3. Schritt
HERUMDREHEN

In diesem letzten Teil der Lernreihe ist der linke Ski völlig **unbelastet** und bereit, dem rechten Ski beigestellt zu werden. Heben Sie den Ski ein wenig an, um Unebenheiten auf der Schneeoberfläche zu meiden.

• GEWICHT
Entlasten Sie einen Ski; stellen Sie ihn kurz aus, und verlagern Sie Ihr Gewicht auf ihn.

• KOPF
Nicht hinunterschauen; die Drehungen mit den Skiern sollten natürlich verlaufen. Es gibt also keinen Grund, zu den Skiern zu schauen, um zu sehen, wo sie sind; das sollten Sie besser spüren.

SKIER •
Halten Sie Ihr Gewicht über dem rechten Ski, so daß Sie den linken Ski entlasten können.

AUFGABE 6

AUF DER PISTE

*Sollte der **Drehstern** schon klappen, versuchen Sie, sich zur **Fallinie** hin zu drehen.*

—— 1.–3. Schritt ——
HERUMDREHEN

Die Skier stehen sicher und bereit zum Drehen. Sie befinden sich quer zur **Fallinie,** während Sie sich mit den **Skistöcken** auf der Piste abstützen, um den Skiern beim Drehen zu helfen und einen Frühstart zu vermeiden. Dabei ist es notwendig, daß sich die Skier, um das Bremsen zu fördern, in die Piste **kanten** lassen.

• BLICK
Entscheiden Sie vorher, wohin Sie wollen, und vor allem wie.

VORDERES GEWICHT •
Lassen Sie die Arme nicht zu gestreckt werden. Sie werden nur für richtige Unterstützung sorgen, wenn Sie sie seitlich und gebeugt im Ellenbogen halten und nicht zu weit nach vorn. Bleiben Sie die ganze Zeit im Gleichgewicht.

BEINE •
Füße und Beine sind zusammen, das Gewicht ist nach vorn verlagert, und die Knie sind zur Piste hin gedreht, um die Skier zu **kanten** und Sicherheit gegen ein Wegrutschen zu schaffen.

START INS TAL

ACHTUNG! HINDERNISSE?
Wenn Sie mit der Abfahrt beginnen, heißt das nicht, daß Sie Ihre Skier einfach ins Tal drehen und in die Tiefe donnern können. Sie sollten sich vor dem Start die Piste anschauen und genau entscheiden, wohin Sie wollen und wie Sie es vor allem schaffen wollen. Betrachten Sie die Hindernisse auf Ihrem Weg; es könnte eine braune Stelle oder zuviel Eis zu meiden sein; es könnten andere Skifahrer heruntekommen; es könnte gerade dort eine Skischulklasse stehen, wo Sie wenden wollten. Skischulklassen fahren stets in der Masse los und haben nicht immer so den Durchblick wie Sie.

DIE ANGST VOR DEM FALLEN
Haben Sie keine Angst vor der **Fallinie!** Sie sollte Ihnen beim Lernen ein „Freund" sein, der Ihnen beim Verbessern Ihres Stils behilflich sein könnte, wenn Sie steilere Pisten und höhere Geschwindigkeiten anpacken. Wenn Sie oben auf der Piste stehen, machen Sie sich fertig für den Start, indem Sie die Richtung ändern, wie auf den folgenden Seiten zu sehen, und nutzen Sie die **Skistöcke,** um die Haltung zu bewahren, bis Sie sich in der richtigen Richtung befinden. Regen Sie sich nicht auf, was Stürze anbetrifft – Sie haben ja das Fallen gelernt!

RICHTUNGSWECHSEL 47

SCHULTERN
Halten Sie die Schultern aufrecht und den Körper in die Richtung ausgerichtet, in die Sie wollen.

BEINE
Nehmen Sie die Beine hüftbreit auseinander, die Knie **gebeugt** und die Knöchel fest gegen den Vorderteil des Schuhs gepreßt.

ENTLASTUNG
Der größte Teil Ihres Gewichtes sollte auf den **Skistöcken** liegen. Denken Sie daran, den Ski zu **entlasten**, bevor Sie ihn bewegen, und immer kleine Schritte zu machen.

SKIER
Kanten Sie die Skier leicht ein, und stützen Sie sich mit den Stöcken auf der Piste ab.

4. Schritt
START FREI

Sie haben die Skier aus einem rechten Winkel quer zur Fallinie hinaus so gedreht, daß sie nun in die **Fallinie** zeigen. Wenn Sie die Skier fest **einkanten** und sich auf die **Stöcke** stützen, werden Sie nicht weiterrutschen; lockern Sie den Druck, geht es mit der Abfahrt los.

DER STÜTZGRIFF
Fassen Sie von oben auf den Griff. Es wird Ihnen helfen, sich gegen die **Schwerkraft** der Piste anzustemmen.

Fallinie

AUFGABE 7

SCHNEEPFLUG

Die Grundlage und üblichste Methode, Skier zu drehen, zu stoppen oder zu verlangsamen

Lernen Sie den Schneepflug, und Sie werden wissen, wie man das Tempo auch bei Eis drücken kann oder am Ende einer Abfahrt; wie man vor dem Skilift zum Stehen kommt; oder in dutzend anderen Situationen, in denen ein stilvollerer Schwung nicht angemessen oder sinnvoll erscheint. Der Schneepflug ist die einzige Möglichkeit zu stoppen, ohne die Richtung zu verändern.

• **ARME** Nehmen Sie die Arme vom Körper weg, ein wenig vor die Hüften. Die **Skistöcke** bleiben locker in der Hand.

ZIEL: Lernen Sie, die Geschwindigkeit zu kontrollieren und zu stoppen. *Stufe* •••••

---

1. Schritt
GRUNDSTELLUNG

Fühlen, wie Ihr Körper entspannt mit dem Gewicht über den Hüften liegt, und gehen Sie in eine leichte Vorlage. Vermeiden Sie, hinten abzusitzen. Drehen Sie aus einem rechten Winkel hinaus in die **Fallinie** ein, und belasten Sie beide Skier gleich stark und kanten Sie sie so ein, daß sie die Form eines Vs ergeben; erst dann werden Sie die Piste kontrolliert herunterkommen. Variieren Sie das Tempo, indem Sie die Knie nach innen drücken, gleichzeitig sorgt dies für besseren Halt.

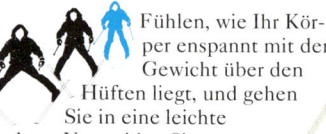

Knie einwärts drehen

Fallinie

KANTEN •
Die **Skikanten** sind Ihre Bremsen. Sie drehen sie ein oder lockern sie wieder, indem Sie die Winkel Ihrer Fußgelenke ändern; stellen sie flach oder kanten sie, um die Skier laufen zu lassen oder zu stoppen. Versuchen Sie sich in einer sauberen V-Form zu halten, ansonsten werden Sie zu der einen oder anderen Seite **gleiten**.

SCHNEEPFLUG • 49

RICHTIGE HALTUNG
Der **Schneepflug** kann sehr übermüdend sein und verlangt eine gute Technik, wenn er gut und ohne Anstrengung ausgeführt werden soll. Denken Sie daran, Ihr Gewicht einzusetzen: von den Beinen runter bis in die **Kanten**, um sie richtig nutzen zu können mit aller Kraft der Muskeln. Sie sollten sich dabei aber entspannt und geschmeidig fühlen und Ihr Gewicht bis in den Vorderteil der Skistiefel spüren, indem Sie es mit dem Schienbein nach vorne drücken.

• **HÜFTKONTROLLE**
Nehmen Sie die Hüfte über Knie und Ferse nach vorn, so daß Sie Ihr Gewicht unter Kontrolle haben und es sich vertikal zu den Schuhen und Skiern hin ausrichtet. Vermeiden Sie, die Hüften zu stark zu **beugen,** und wählen Sie eine Haltung, die einigermaßen aufrecht ist (falls die Piste nicht zu steil ist). Halten Sie den Rücken gerade und die Schultern leicht gebeugt, die Arme sind dabei vom Körper weg und die **Skistöcke** nach hinten gestreckt.

2. Schritt
STOPPEN

Achten Sie darauf, daß die Skier in die **Fallinie** zeigen (unten). Sie kontrollieren das Bremsen, indem Sie das V leicht öffnen oder schließen. Um die Geschwindigkeit auf engen Pisten zu vermindern, müssen Sie den Druck auf die **Kanten** erhöhen.

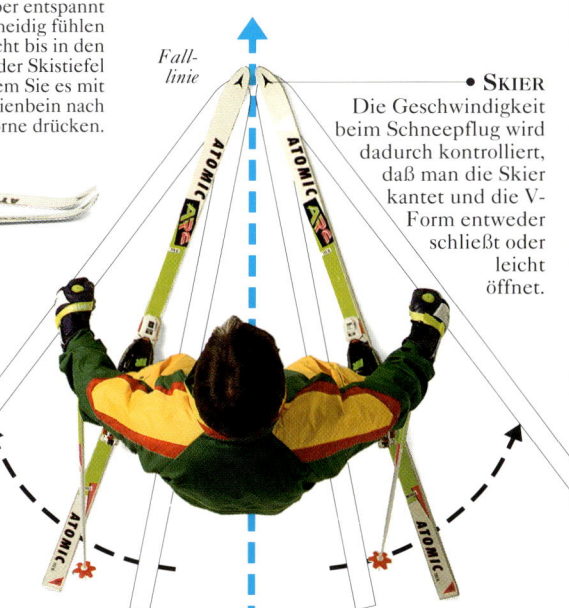

Fall-linie

• **SKIER**
Die Geschwindigkeit beim Schneepflug wird dadurch kontrolliert, daß man die Skier kantet und die V-Form entweder schließt oder leicht öffnet.

DER BREMS-SCHNEEPFLUG

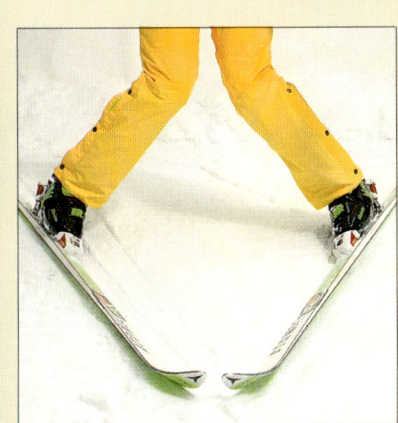

FAHREN SIE IM V
Der **Schneepflug** kontrolliert die Geschwindigkeit, indem er Reibung gegenüber dem Schnee erzeugt. Das Ziel sollte sein, die Skier ohne zu viel Krafteinsatz zu beherrschen; es ist jedoch abhängig von der Steilheit und Breite der Piste und der Beschaffenheit des Schnees. Beginnen Sie den Schneepflug, indem Sie die Skier weit ausstellen, während sie noch flach aufliegen und zu einem V formen (links). Drücken Sie dabei die Fersen nach vorn, und treten Sie sich nicht mit den **Skispitzen** auf die Bretter. Beugen Sie die Knie, um die Skier **einzukanten.** Dann regulieren Sie den Kantendruck und die Weite des Vs. Denken Sie daran: Machen Sie kein Hohlkreuz, gehen Sie nicht in Rücklage.

AUFGABE 7

DER SCHNEEPFLUG-STOPP IN AKTION

Der Schneepflug-Stopp ist eigentlich nur ein übertriebenes Bremsen, mit dem man seine Bewegungen beim Stoppen kontrolliert. Drücken Sie Ihre Füße heraus, sobald Sie zum Stehen gekommen sind; das verstärkt den Bremseffekt.

KOPF
Kopf hoch und schauen Sie nach vorn. Sehen Sie nicht auf die Skier, aber achten Sie darauf, ohne nachzuschauen, daß die Skispitzen dicht zusammen sind und den Beginn eines Vs bilden.

OBERKÖRPER
Halten Sie die Hüften, um sich im Gleichgewicht zu fühlen, in einer gedachten Linie durch das V hindurch bis zu den Skispitzen. Lassen Sie den Körper nicht nach hinten sinken, sonst fallen Sie auf die eine oder andere Seite.

GEWICHT
Nutzen Sie Ihr Körpergewicht ohne viel Krafteinsatz. Fühlen Sie, wie sich Ihr Gewicht durch die Hüften, Knie, Fußballen bis in die Skier ausbreitet.

SCHULTERN
Halten Sie Ihre Schultern entspannt und ein wenig gebeugt; als spürten Sie den Bogen in Form eines Hufeisens, der über die Schultern von einer Hand zur anderen verläuft.

KNIE
Drücken Sie die Knie nach vorn und innen, um die Skier auf die Innenkanten zu stellen.

Fallinie

SCHNEEPFLUG • 51

ARME • Beugen Sie die Arme, und halten Sie sie vom Körper fern.

KOPF • Kopf hoch, Nacken entspannt, schauen Sie nach vorn und nicht nach unten.

• **SKIER** Neigen Sie die Skier auf die **Innenkanten**; je stärker der **Schneepflug**, desto schneller können Sie stoppen.

• **KANTEN** **Kanten** Sie in der **Fallinie** ins V: Die Kanten sorgen für den Widerstand, den man für das **Schneepflug**-Stoppen braucht.

MIT DEM V IN DIE FALLINIE

GEWICHT-KONTROLLE
Ihr Gewicht und Gleichgewicht sind wichtiger als die Muskelarbeit, weil Muskeln schnell müde werden und das Skifahrenlernen erschweren. Erinnern Sie sich daran, daß der **Schneepflug** zwei wichtige Elemente besitzt: die V-Form der Skier in der Fallinie und der Bremseffekt der Kanten. Sie können dies getrennt oder zusammen üben, je nach Bedingungen, aber wenn Sie es zusammen üben, ist es eine einfache und effektive Methode, Ihre Fahrt zu stoppen.

ÜBEN, ÜBEN, ÜBEN
Der **Schneepflug** ist die Technik, die geradezu nach Übung schreit, um ihn perfekt auszuführen. Was ihn ausmacht, ist die Kontrolle, und Kontrolle über seine Skier zu haben ist der Schlüssel zum Skifahren ohne Angst.

TOTALE KONTROLLE
Sie kontrollieren Ihre Geschwindigkeit in der **Fallinie**, indem Sie Ihre Skier öffnen und schließen bzw. die **Kanten** aufstellen und flach auflegen. Es erfordert größere Übung, auch auf steileren Pisten kontrolliert zu fahren.

AUFGABE 8 — SCHUSSFAHREN

Den Berg hinunter und die Skier laufenlassen

Jeder Skifahrer genießt die Abfahrt in der **Fallinie** hinunter. Dies bezieht sich besonders auf die **Schußfahrt,** einer der schönsten Augenblicke beim Skifahren. Gleichzeitig ist es eine der einfachsten Techniken, die allerdings Beherrschung verlangt und genügend Grundlagen, um die richtige Skihaltung einzunehmen und die Geschwindigkeit zu kontrollieren.

ZIEL: Kontrolliert hinunterfahren, mit paralleler Skiführung. *Stufe •*

DIE RICHTIGE HALTUNG

SCHULTERN •
Verkrampfen Sie Ihre Schultern nicht, und halten Sie sie ein wenig gebeugt. Nehmen Sie eine Vorlage bis in Höhe der Schuhe ein.

OBERKÖRPER •
Lehnen Sie Ihren Körper vor, lassen Sie sich ein wenig in die Fallinie fallen.

ARME •
Nehmen Sie Ihre Arme, wie hier zu sehen, nach vorn; die Hände sind weit weg vom Körper.

HÜFTE •
Drücken Sie die Hüfte nach vorn bis über die Knie. Vermeiden Sie hinten abzusitzen.

Beachten Sie den Skifahrer (unten): Er fährt die **Fallinie** in einer entspannten und bequemen Haltung ab. Seine Skier sind parallel, aber ein wenig auseinander, flach aufgestellt und gleichermaßen **belastet.** Die Arme sind zur Seite und die **Stöcke** nach hinten gestreckt. Nehmen Sie die **Schußfahrt-**Haltung ein.

• SCHIENBEINE
Versuchen Sie, um das Gewicht zu halten, Ihre Schienbeine gegen das Vorderteil der Skistiefel zu pressen. Dabei sollten sich die Knie oberhalb der Zehen befinden.

• FÜSSE
Lassen Sie Ihr Gewicht nicht nach hinten auf die Fersen sinken. Bleiben Sie mit Ihrem Gewicht auf den Fußballen, also mehr auf dem Vorderteil des Skis.

↓ *Fallinie*

LOCKER BLEIBEN
Die **Schußfahrt** ist recht einfach. Lassen Sie sich von Ihren Skiern sanft die Piste hinuntertragen, während Sie sich nach vorn lehnen; halten Sie Ihr Gleichgewicht, und lassen Sie die Skier laufen.

SCHUSSFAHREN • 53

— HÄUFIGE FEHLER —

NICHT VERKRAMPFEN
Der größte Fehler beim **Schußfahren** ist die Verkrampfung. Achten Sie auf Ihre Umgebung und die anderen Skifahrer um Sie herum: Sie sollten sie meiden. Außerdem sollten Sie stets stoppen können und eine aufrechte, entspannte Haltung einnehmen. Schauen Sie sich diese beiden Haltungen unten einmal an: Sie zeigen die häufigsten Fehler beim Schußfahren. Erinnern Sie sich der Haltungsüberprüfungen vor Ihrem Spiegel (Seite 25); ebenso können Sie sich an einem sonnigen Tag mit Hilfe Ihres Schattens korrigieren. Langsam kommt dann die richtige Haltung ganz automatisch.

ZU STEIF
Dieser Skiläufer hat eine falsche Vorlage. Die Schultern sollten zurück sein, die Knie gebeugt und die Haltung entspannt.

zu angespannt

ZU SCHLAFF
Das Gewicht hängt zu weit nach hinten, so daß der Skifahrer aus dem Gleichgewicht kommt. Er muß die Arme nach vorne bringen und das Gewicht über die Schuhe bringen.

zu weit hinten

BLICK VON OBEN
Schauen Sie einmal auf den Skifahrer hinunter: Es ist gut zu sehen, wie sich das Gewicht auf beide Skier entlang der **Fallinie** verteilt. Dadurch ist der Skiläufer in der Lage, sein Gewicht besser auszurichten und in beide Richtungen zu drehen.

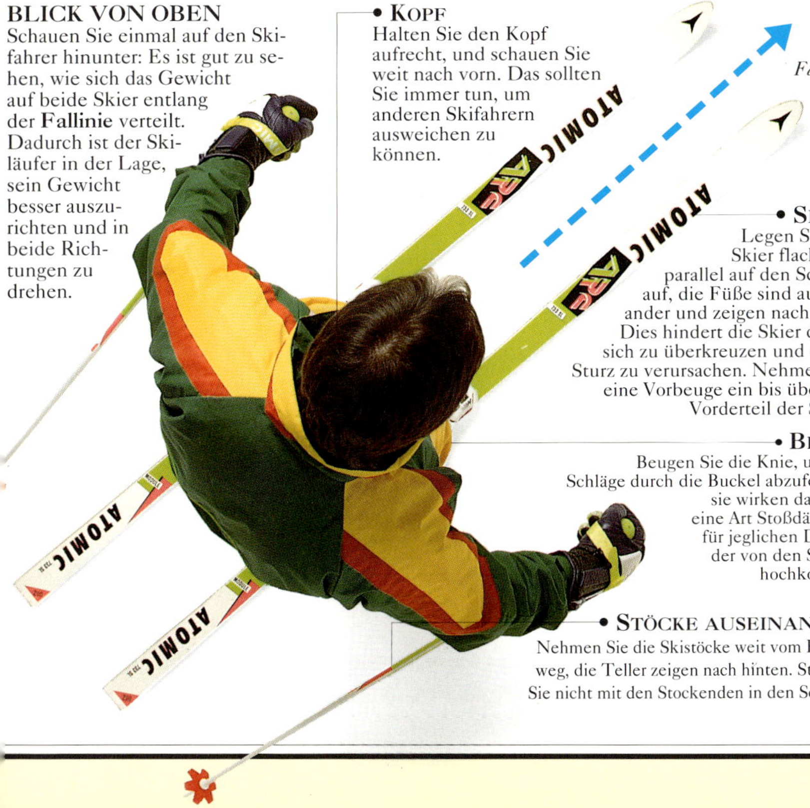

• **KOPF**
Halten Sie den Kopf aufrecht, und schauen Sie weit nach vorn. Das sollten Sie immer tun, um anderen Skifahrern ausweichen zu können.

Fallinie

• **SKIER**
Legen Sie die Skier flach und parallel auf den Schnee auf, die Füße sind auseinander und zeigen nach vorn. Dies hindert die Skier daran, sich zu überkreuzen und einen Sturz zu verursachen. Nehmen Sie eine Vorbeuge ein bis über das Vorderteil der Skier.

• **BEINE**
Beugen Sie die Knie, um die Schläge durch die Buckel abzufedern, sie wirken dann als eine Art Stoßdämpfer für jeglichen Druck, der von den Skiern hochkommt.

• **STÖCKE AUSEINANDER**
Nehmen Sie die Skistöcke weit vom Körper weg, die Teller zeigen nach hinten. Stechen Sie nicht mit den Stockenden in den Schnee.

54 • DIE PRAXIS

AUFGABE 9

DER PFLUGBOGEN

Den Ski belasten, entlasten, drehen und die Richtung ändern

Der Pflugbogen ist der Grundschwung und die Basis für alle anderen Schwünge: Er wird Ihnen während der gesamten Skilaufbahn nützlich sein und sich auf alle Techniken anwenden lassen.

ZIEL: Richtig drehen, zu beiden Seiten, quer zur Fallinie. *Stufe* ••••

1. Schritt
SCHWUNGEINLEITUNG

Das wichtigste bei diesem Schwung ist die **Gewichtsverlagerung.** Belasten Sie nur einen Ski, und beugen Sie sich auf die entgegengesetzte Seite hinüber. Wenn Sie auf rechts belasten, drehen Sie sich auf die linke Seite und umgekehrt.

• **KÖRPERSCHWERPUNKT**
Der Körper**schwerpunkt** bleibt im Zentrum Ihrer Hüfte.

BEINE •
Beugen Sie die Knie nach vorn, so daß Sie den Ski besser belasten und den Schwung **einleiten** können.

Ändern Sie Ihre Haltung innerhalb des Körperschwerpunktes

50   50

90   10

Drehrichtung

GEWICHTSVERTEILUNG
Wenn Sie noch im **Schneepflug** sind, verteilen Sie das Gewicht gleichzeitig auf beide Skier. **Verlagern** Sie bei Drehbeginn ungefähr 90 Prozent Ihres **Gewichtes** auf einen Ski, wie hier gezeigt.

DER PFLUGBOGEN • 55

• **KOPF**
Schauen Sie in die Richtung, in die Sie wollen. Sehen Sie nicht auf die Skier hinunter.

• **OBERKÖRPER**
Halten Sie das Gleichgewicht, und lassen Sie das Gewicht auf dem rechten Ski: Sie werden nach links drehen. Lassen Sie den Oberkörper nicht nach hinten fallen, bringen Sie ihn in die Vorlage und das Gewicht auf den zu drehenden Ski.

• **ARME**
Nehmen Sie die Arme weit weg vom Körper. Stellen Sie sich vor, Sie würden ein großes Rad quer zur **Fallinie** wälzen: Das könnte Sie im Gleichgewicht halten, wenn Sie den nächsten Schwung beginnen.

• **SKISTÖCKE**
Die **Stöcke** haben beim Pflugbogen wenig zu tun: Halten Sie sie aus dem Schnee heraus, und nutzen Sie sie nur zur Balance.

— 2. Schritt —
GEWICHTSVERLAGERUNG

Bleiben Sie im Schneepflug, aber reduzieren Sie den **Kantendruck**. Beschleunigen Sie die **Gewichtsverlagerung** von einem auf den anderen Ski, und bleiben Sie dicht an der **Fallinie**. Lassen Sie Ihre Skier nicht zu parallel laufen.

GANZE ARBEIT FÜR DIE KNIE

MIT DEN KNIEN DRÜCKEN
Die Knie spielen eine wichtige Rolle beim Skifahren: Sie bestimmen besonders den **Kantendruck** auf Ihre Skier und leiten sie beim Drehen. Beim **Pflugbogen** sollten Sie richtig spüren, wie Ihre Knie arbeiten und sie in die Richtung drücken, in die Sie fahren wollen. In Anbetracht der vielen heiklen Situationen auf der Piste sollten Sie dies solange lernen, bis es sitzt und Sie die richtige Haltung ganz automatisch finden. Sehen Sie sich die Bilder auf dieser Seite an: Die Knie bestimmen die Neigung der Kanten, die Körperhaltung und die Ausführung des Pflugbogens. Üben Sie das Kniedrücken.

SKIKANTEN
Die Skikanten sind Ihre Bremsen. Kanten Sie einen Ski mehr an als den anderen, indem Sie die Knie einwärts drehen, und Sie werden den Ski zum Drehen bringen. Die Knie bestimmen den Kantendruck: Der Skifahrer (rechts) hat sein linkes Knie etwas unterhalb des rechten Knies gedreht. Damit belastet er den linken Ski mehr als den rechten. Üben Sie wie hier den Kantenwechsel, und übertreiben Sie ihn in der Bewegung, um die Wirkung zu spüren.

56 • DIE PRAXIS

AUFGABE 9

3. Schritt
DAS SCHWUNGENDE

Bleiben Sie am Schwungende einfach mit dem Druck auf dem Drehski, und Sie werden quer zur Piste auskommen. Wenn Sie vorher anhalten möchten, bringen Sie Ihre Skier zusammen, und bereiten Sie sich auf den nächsten Start vor. So können Sie den Pflugbogen zusammenhängend üben: Drehen Sie den Ski in die **Fallinie** hinein, strecken Sie das Knie kurz, und verlagern Sie das Gewicht auf den anderen Ski; das gleiche dann in die andere Richtung.

BEINE
Beine gebeugt halten; die Knie **führen** den Ski.

BELASTUNG
Ungefähr 80 Prozent Ihres Gewichtes ist auf dem Drehski. Nutzen Sie Ihr Gewicht und nicht die Muskeln, um Druck auf die Skier zu bekommen.

SKIER
Bleiben Sie im **Schneepflug**, um ein Abbremsen zu vermeiden; der **Kantendruck** hilft Ihnen dabei.

Drehung
Fallinie

GANZ LOCKER IN DEN PFLUGBOGEN

Der **Pflugbogen** sieht zwar sehr einfach aus, aber eignet sich genauso für Fehler wie alle anderen Techniken. Spannen Sie Ihren Körper nicht zu sehr an, und vermeiden Sie Ermüdungen, indem Sie Ihre Skier herumreißen. Stellen Sie Ihre Skier nicht zu weit aus: Sie könnten sich verletzen. Lassen Sie sich vor allem Zeit, den Pflugbogen auszuführen.

AUFRECHT
Bleiben Sie aufrecht, sitzen Sie nicht hinten ab, oder beugen Sie nicht den Oberkörper nach vorn.

FALSCHER DREH
Drehen Sie nicht mit den Schultern mit; das könnte Sie aus dem Gleichgewicht bringen.

ÜBUNG
Es richtig zu machen, erfordert ein bißchen Übung; aber wenn Sie es ruhig machen und sich sanft zur Fallinie drehen, werden Sie es leichter haben.

DER PFLUGBOGEN • 57

RECHTS UND LINKS DREHEN
Üben Sie abwechselnd den **Pflugbogen** nach rechts und links. Achten Sie auf den Skifahrer (unten), wie er den Schwung **einleitet**, indem er durch Gewichtsverlagerung belastet und sich auf den einen Ski stemmt, um in die andere Richtung zu drehen. Die **Skispitzen** zeigen dabei ins Tal. Üben Sie im fließenden Rhythmus.

SCHULTERN •
Halten Sie die Schultern ruhig, und vermeiden Sie wilde Bewegungen des Oberkörpers. Es könnte Ihnen helfen, wenn Sie die Drehschulter ein wenig nach unten neigen, um mehr Druck auf die Kanten zu bekommen.

ARME
Halten Sie Ihre Arme weg. Stellen Sie sich vor, Sie wälzten einen großen Reifen durch den Schnee – das könnte Ihnen behilflich sein, in der richtigen Haltung zu bleiben. Lassen Sie die Hände in Hüfthöhe vorn.

—WEICHE SCHWÜNGE—
Lassen Sie sich Zeit beim Drehen. Haben Sie Geduld. Geben Sie den richtigen Druck vor, und lassen Sie die Skier arbeiten. Das Ziel sollte sein, weich zu fahren und quer zur **Fallinie** hin und her zu schwingen; außerdem sollten Sie die Drehung sanft, aber entschlossen **einleiten** und solange Druck auf den Ski geben, bis der Schwung beendet ist.

• OBERKÖRPER
Halten Sie Kopf und Oberkörper über der Piste, und bewegen Sie sie nur bei der **Gewichtsverlagerung** von einem auf den anderen Ski. Drehen Sie die Schultern nicht mit.

• BEINE
Nutzen Sie die Beine, um den Drehski zu belasten. Beugen Sie die Knie, um den Ski herumzuführen.

• SCHIENBEINE
Drücken Sie die Schienbeine gegen das Vorderteil der Schuhe, und halten Sie die Füße nach innen gedreht, solange die Skispitzen zusammenstehen.

Fallinie

58 • DIE PRAXIS

AUFGABE
9

• **SCHULTERN**
Bleiben Sie mit den Schultern über dem Drehski, um zur richtigen Haltung zu gelangen und Ihr Gewicht zu verlagern.

• **KOPF**
Schauen Sie auf die Piste; halten Sie den Kopf über dem Drehski.

• **SKISTÖCKE**
Für den **Pflugbogen** brauchen Sie keine **Stöcke**; halten Sie sie aus dem Schnee heraus und vom Körper weg.

Fallinie

KNIE •
Drehen Sie die Knie ein, um richtig zu **kanten** und die Haltung zum **Pflugbogen** zu finden.

GEWICHTSVERLAGERUNG •
Beginnen Sie mit der **Gewichtsverlagerung** auf den rechten Ski, indem Sie die Knie beugen. Das bringt automatisch Druck auf den Ski, um die Drehbewegung **einzuleiten**. Nutzen Sie Ihr Gewicht statt Muskelkraft.

BEINE •
Beugen Sie die Beine in den Knien, und drücken Sie die Schienbeine gegen das Vorderteil der Skistiefel.

SICH IM V HALTEN

Schuhe und Skier sorgen zusammen dafür, daß Sie im V bleiben. Ändern Sie diese Position nicht, da Sie leichter drehen können, indem Sie das **Gewicht verlagern** und Druck auf den Drehski ausüben. Denken Sie daran, sich quer zur **Fallinie** zu drehen, indem Sie nur einen Ski belasten. Belasten, **entlasten** und **kanten** Sie die Skier, während beide Skier im V bleiben. Das Ergebnis wird eine Reihe von Schwüngen quer zur Fallinie die Piste herunter sein.

DER PFLUGBOGEN • 59

KLEINE HILFEN FÜR DEN PFLUGBOGEN

SPIEGELBILD
Obwohl er ein einfacher Schwung ist, braucht er Technik und Übung. Achten Sie sorgfältig auf die untere Sequenz, und versuchen Sie, sie vor dem Spiegel nachzumachen. Treten Sie nicht mit den **Spitzen** übereinander.

GEWICHTEN
Sie sollten drehen, indem Sie Knie und Füße benutzen und nicht mit den Schultern schwingen. Reißen Sie nicht den Körper herum.

Nutzen Sie Gewicht statt Muskelkraft. Sie werden schnell müde sein, wenn Sie das Drehen der Ski überanstrengt. Legen Sie sich in den Schwung, beugen Sie sich nicht vor oder zurück. Drehen Sie Ihre untere Schulter nicht ein, sonst verlagern Sie Ihr Gewicht womöglich auf die falsche Seite. Versichern Sie sich, daß Sie die richtige Haltung eingenommen haben, Sie Ihr Gewicht nutzen und den Druck auf den Ski; danach sollten Sie bereit für den nächsten Schwung sein, in die andere Richtung und quer zur **Fallinie**.

AUFGEPASST
Achten Sie darauf, daß Sie anderen Skiläufern nicht den Weg schneiden. Schauen Sie auf die Piste und nicht bergauf.

Arme vor dem Körper im Ellenbogen gebeugt

DAS SCHWUNGENDE
Nehmen Sie ein wenig den Druck vom unteren Ski, wenn Sie die **Fallinie** kreuzen. Gehen Sie mit Schultern und Hüfte ein wenig nach hinten, um das Gewicht wieder zwischen die Skier zu bekommen.

GEWICHT
Belasten Sie nun den anderen Ski, und drehen Sie nach rechts.

AUFGABE 10 — SCHRÄGFAHRT

Quer zum Hang fahren, während man seine Höhe am Berg beibehält

Die Querfahrt ist eine wichtige, aber auch eine Technik zum Genießen. Sie hilft Ihnen, Ihre Geschwindigkeit, Ihre Skiführung und Ihre relative Richtung zur **Fallinie** zu überprüfen. Wenn Sie am Ende einer **Querfahrt** einen Schwung ansetzen, wird es Ihnen möglich sein, die Piste in der Geschwindigkeit herunterzufahren, die Sie sich wünschen. Dabei halten Sie die gewünschte Höhe quer zum Hang ein, indem Sie am Berg **einkanten;** Sie verhindern dadurch auch, seitlich **abzurutschen** oder zu stürzen.

ZIEL: Quer zu jedem Hang – wie steil auch immer – zu fahren, in sicherem Stil.
Stufe •••

- **GEWICHT** Sie sollten ca. 90 Prozent Ihres Gewichtes auf dem unteren Ski haben. Fahren Sie in Vorlage, sitzen Sie nicht hinten ab.
- **HÜFTE** Verteilen Sie Ihr Gewicht, indem Sie die Hüfte ins Tal drehen.
- **KNIE** Beugen Sie die Knie leicht nach vorn, und drehen Sie sie zum Hang hin, um den Druck auf die **Kanten** zu erhöhen: Sie brauchen ihn für Ihre Haltung und die gewünschte Geschwindigkeit.

KOMMA-HALTUNG

Die Haltung bei der **Querfahrt** wird wegen ihrer Form auch **Komma-Haltung** genannt. Der Skiläufer schaut dabei nach vorn, hat leichte Vorlage, mit nach innen gedrehten Knien und Füßen und steht quer zur **Fallinie**. Der Oberkörper zeigt ein wenig nach vorn, so daß der Skiläufer nach unten sehen kann und eine gute Sicht hat.

- **SKIER** Der obere Ski steht beim Kanten vor dem unteren Ski.

SCHRÄGFAHRT • 61

POSITION BEZIEHEN

TALSKI BELASTEN
Die **Querfahrt**-Haltung kann ein wenig beängstigend sein: denn mit dem Gewicht auf dem Talski glaubt man sich manchmal am Rande eines Sturzes zu fühlen. Tatsächlich aber sind Sie sicherer, je mehr Gewicht Sie auf dem Talski haben und je mehr Sie sich vorlegen. Belasteten Sie jedoch den Bergski, würden Sie sich von den **Kanten** lösen und beim Vorbeugen stürzen.

ZUG UM ZUG
Fragen Sie einen Freund, ob er Sie die **Fallinie** entlang herunterzieht. Um dem Ziehen standzuhalten – was ein Vielfaches der **Schwerkraft** ausmacht – sollten Sie eine nach und nach extreme Position einnehmen, indem Sie **einkanten** und das Gewicht ausgleichen.

VOGELPERSPEKTIVE
Achten Sie auf die Haltung, wie sie hier gezeigt wird: Die Skier stehen parallel und quer zur **Fallinie,** der Bergski ist um eine halbe Schuhlänge vorgestellt. Das Gewicht ist auf dem Talski, der Skiläufer schaut nach vorn und den Berg hinunter. Man kann von oben sehen, wie er sein Gleichgewicht hält.

BERGSKI •
Ungefähr 10 Prozent Ihres Körpergewichtes bleiben bei der **Querfahrt** auf dem Bergski; gerade genug, um die Balance zu halten. Seien Sie bereit, ihn mit Ihrem gesamten Gewicht zu belasten, wenn Sie mit dem Schwung beginnen.

Fallinie

ARME •
Halten Sie die Arme weg, ein wenig gebeugt und die ganze Zeit vor dem Körper, um das Gleichgewicht zu halten. Die Skistöcke sollten aus dem Schnee heraus sein.

OBERKÖRPER •
Drehen Sie sich so, daß die Bergschulter vorn ist. Dadurch bleiben Sie in der Vorlage und können die **Fallinie** einsehen, immer mit dem Gewicht auf dem Talski.

SKIER •
Drücken Sie sich in den Hang, um die Skier mit den **Kanten** zu sichern. Der Kantendruck hängt dabei von der Steilheit der Piste ab; der Bergski steht vor.

Talski *Bergski*

AUFGABE 11

TIMING

Benutzen Sie die Skistöcke, um sich beim Drehen abzudrücken

Die **Skistöcke** helfen Ihnen beim Drehen und der Entlastung während eines Schwungs und dabei, das Gleichgewicht zu halten; genauso sind sie unersätzlich für das genaue Timing beim Drehen. Versuchen Sie mit den Stöcken das **Entlasten** zu verbessern, sobald Sie den **Pflugbogen** gelernt haben.

ZIEL: Den **Skistock** richtig und rechtzeitig **einstechen.** *Stufe* •••

---

1. Schritt
STOCKEINSATZ

Benutzen Sie den **Skistock** während der **Querfahrt**, um die **Gewichtsverlagerung** auf den äußeren Ski zu unterstützen, um das Gleichgewicht zu halten und die **Entlastung** zu erleichtern, die für eine weiche Drehung sorgt. Halten Sie den Skistock fest, und **stechen** Sie ihn weit genug entfernt ein; übertreiben Sie nicht!

AUS DER QUERFAHRT
Die Skiläuferin (rechts) setzt aus dem **Schneepflug** heraus mit dem Talski zur Drehung an, indem er ihn belastet.

KNIE
Stechen Sie den **Stock**, der Sie gerade stützt, ein; beugen Sie die Knie, um die erste Phase der Entlastung zu beginnen. Das klappt aber nicht, wenn Ihr Körper nicht wieder hochkommt. Beim Heruntergehen geht der Skistock naturgemäß tiefer in den Schnee.

ARME
Setzen Sie den **Skistock** mit leicht gebeugtem Arm ein. Strecken Sie ihn nicht, sonst wird Ihr Gleichgewicht darunter leiden.

OBERKÖRPER
Ihr Oberkörper bleibt in der richtigen Haltung, aber er beginnt sich zu beugen, wenn der **Skistock** einsetzt.

SKIER
Kanten und **belasten** Sie den Talski.

TIMING • 63

DREHUNG

Stechen Sie den **Skistock** in den Schnee, auf halber Strecke zwischen Schuh und **Skispitze**; Ihr Gewicht kommt dabei nach oben und beim Drehen nach vorn.

2. Schritt
ENTLASTEN

Entlasten bedeutet das Reduzieren des Drucks auf die Skier, indem Sie den Körper nach oben strecken; das ermöglicht Ihnen ein sanfteres Drehen. Sie entlasten den Ski durch **Körperstreckung** kurz vor dem Schwung mit Hilfe des **Skistocks**.

• **BEINE UND KNIE**
Die Beine und Knie zwingen die Skier in den Schwung. Halten Sie die Knie gebeugt und die Schienbeine gegen den vorderen Schuh gedrückt, dann lösen Sie den Druck auf den Schuh wieder und passieren den **Skistock**.

• **KOPF**
Schauen Sie nach vorn die Piste hinunter, aber nicht auf die Skier.

• **OBERKÖRPER**
Gehen Sie in Vorlage bis über die Skier.

3. Schritt
IM GANZEN

Lassen Sie sich in die normale Haltung zurückfallen, um die Drehung auszuführen; Knie strecken, Gewicht vorn, Kopf hoch… all das sollten Sie nun langsam instinktiv machen.

• **SKISTÖCKE**
Die **Skistöcke** sind nun in der richtigen Stellung: aus dem Schnee heraus und bereit für den nächsten Schwung.

• **BEINE**
Legen Sie sich mit fast gestreckten Beinen nach vorn; die Knie befinden sich über den vorderen Schuhen.

DIE PRAXIS

AUFGABE 11

DER STOCKEINSATZ IN AKTION

Auch wenn Sie Ihren **Stockeinsatz** zeitlich gut abpassen und an der richtigen Stelle vornehmen, wird es ein langer Weg werden zum weichen Schwung und zur korrekten **Gewichtsverlagerung** auf den Drehski. Das Bild zeigt das Timing und die Stelle für den Stockeinsatz während eines Rechtsschwungs.

• **OBERKÖRPER**
Schwingen Sie nicht mit dem Oberkörper, halten Sie ihn ruhig.

FREIER SKISTOCK •
Nehmen Sie den freien Skistock aus dem Weg und den Arm ruhig; fuchteln Sie mit ihm nicht vor dem Körper herum.

KNIE •
Steuern Sie den Schwung auf dem äußeren Knie aus; drücken Sie es nach vorn, und pressen Sie das Schienbein fest gegen den vorderen Schuh.

BEINE •
Strecken Sie sich, wenn Sie den **Stock** passieren, um die Skier zu **entlasten**. Diese Hochbewegung hilft Ihnen um den Stock herum, danach lassen Sie den Körper wieder sinken. Strecken und beugen Sie sich nicht ruckartig.

WENN DAS ZUTRAUEN WÄCHST

VON OBEN
Sehen Sie sich an, wie sich der Skiläufer auf den Stockeinsatz vorbereitet, seine Schultern sind parallel.

Nicht vor den Spitzen einstechen!

RHYTHMUS BEKOMMEN
Wie bei allen Skitechniken wird Ihr **Stockeinsatz** erfolgreicher sein, wenn Sie ihn weich, aber sicher ausführen; drehen Sie Ihren Körper um den eingestochenen Stock herum, und bringen Sie ihn dann wieder in die normale Position zurück. Je näher Sie dabei der Fallinie kommen, desto schneller müssen Sie wegen der kürzeren Schwünge auch den Skistock einsetzen. Schauen Sie sich auf der Piste um, und suchen Sie Skiläufer, die auch kurze Schwünge die **Fallinie** herunter machen, indem sie ihre Stöcke rechts und links in schnellem Wechsel einsetzen: Das nützt Ihnen zur Kontrolle der Geschwindigkeit. Fahren Sie einen Hang mit 30 Grad Neigung, und üben Sie das Be- und Entlasten; drehen Sie gleichmäßig und rhythmisch.

TIMING • 65

- **OBERKÖRPER**
Nach dem Schwung ist das meiste Körpergewicht auf dem Talski, so daß Sie den Bergski gut beistellen können. Nehmen Sie die **Querfahrt** ein, und bereiten Sie sich auf den nächsten Schwung vor. Dabei sind beide Skistöcke aus dem Schnee.

- **KOPF**
Schauen Sie nach vorn und entscheiden Sie genau, wo Sie drehen wollen; denken Sie an die Reihenfolge. Sehen Sie vor allem nicht auf die Skier.

- **HÜFTE**
Die Hüften sollten in die Richtung zeigen, in die Sie fahren wollen. Wenn, wie hier, das untere Knie gebeugt ist, absorbiert der Bergski das meiste Gewicht. Achten Sie auch darauf, den Talski zu **kanten**.

- **AUGEN**
Blick nach vorn; suchen Sie sich den Punkt zum Drehen aus.

VORBEREITUNG
Wenn Sie einen Schwung vorbereiten, lassen Sie sich bis zur Hälfte herunter und nach vorn sinken, und machen sich für die **Entlastung** bereit, die dann folgt, wenn der Körper wieder hochkommt. Fuchteln Sie nicht mit den Armen beim **Stockeinsatz** herum – das könnte Ihre hintere Schulter nach vorn bringen und für Probleme beim Gleichgewicht sorgen.

- **GEWICHT**
Während des **Stockeinsatzes** sollten ungefähr 80 Prozent Ihres Körpergewichtes über dem Talski sein.

- **STOCKEINSATZ**
Setzen Sie den **Stock** mit einer festen Abwärtsbewegung nahe der **Skispitze ein**, und neigen Sie ihn ein wenig nach vorn. Halten Sie den Stock vom Ski entfernt; Sie könnten sonst über den Teller fahren.

AUFGABE 12

SEITRUTSCHEN

Sicher rutschen, seitlich am Hang und durch die Fallinie

Dem Anfänger mag das **Seitrutschen** ein bißchen schwer erscheinen, weil er sich darauf verlassen muß, richtig zu **kanten,** das **Gewicht** zu **verlagern** und sich zum Tal zu beugen. Andererseits ist es aber auch eine nützliche und spaßige Technik.

ZIEL: Höhe verlieren, ohne die Richtung zu ändern. *Stufe* ••••

---

1. Schritt
GLEITEN

Lehnen Sie sich aus der **Querfahrt** und mit dem Gewicht auf dem Talski heraus weit vor, und stellen Sie den Talski – die Knie sind vom Hang weggedreht – flach auf, um ihn von den **Kanten** zu lösen. Beginnen Sie auf dem flachgestellten Ski zu rutschen.

AUGEN
Schauen Sie in die Richtung, in die Sie gleiten.

Quer bleiben während des Seitrutschens

SKI-TIPS

KANTEN RAUF UND RUNTER
Eine der größten Vorteile des **Seitrutschens** ist, abgesehen vom sicheren Weg, einen Hang hinunterzukommen, daß Sie ein gutes Gefühl dafür kriegen, wie sich Ihre Skier verhalten, wenn man sie kantet oder laufenläßt. Dabei können Sie Ihre Skier in verschiedene Richtungen drehen und von einer auf die andere **Kante** steigen; üben Sie, beide Skier kontrolliert und sicher einzusetzen.

Fallinie

VON OBEN
Sie sind in der **Querfahrt,** quer zur **Fallinie.** Bringen Sie nun Ihr Gewicht auf den Talski, stellen Sie den Ski flach und lösen ihn von der **Kante,** und beugen Sie sich noch ein wenig mehr vor. Dann werden die Skier wie von selbst beginnen, den Hang hinunterzugleiten.

SEITRUTSCHEN • 67

- **OBERKÖRPER**
Beim Stoppen zeigt Ihr Oberkörper in die **Fallinie** und nicht in Richtung Ihrer Skier. In dieser Stellung, bei der Sie sich ins Tal beugen, werden Sie sich sicher fühlen und auf den **Kanten** bleiben.

3. Schritt
STOPPEN

Um beim **Seitwärtsrutschen** anzuhalten, müssen Sie stark **einkanten**; wenn die Kante greift, bleiben Sie stehen und können das Gleiten von neuem beginnen.

- **SKIER**
Die Skier sind nun **eingekantet** und die **Skispitzen** ein wenig bergwärts zur **Fallinie** gedreht.

SKISPITZEN
Drehen Sie beim Stoppen die **Skispitze** des Bergskis ein, und erhöhen Sie den **Kantendruck.** Nun können Sie, quer zur Fahrtrichtung stehend, anhalten.

Fallinie

DER RICHTIGE KANTENDRUCK

IN DEN FÜSSEN SPÜREN
Mit dem **Seitrutschen** können Sie sich seitwärts, aber auch nach vorn bewegen. Um zu vermeiden, über sich selbst zu fallen, müssen Sie Ihr Gewicht immer vom Hang weghalten und sich nicht zum Berg lehnen. Achten Sie auf die aufgerichteten Fußgelenke und die gestreckten Knie. Belasten Sie den Talski.

1. Belasten Sie den Talski, und beugen Sie sich vom Hang weg. Strecken Sie die Fußgelenke, und stellen Sie die **Kanten** flach.

2. Um wieder in die **Querfahrt** zu kommen, müsen Sie **einkanten,** die Knie zum Hang hin drehen und in die Vorlage gehen.

68 • DIE PRAXIS

AUFGABE
12

KONTROLLE
Üben Sie das **Seitrutschen** mit parallelen Skiern. Lehnen Sie sich mit dem Gewicht ins Tal, und lassen Sie die Skier kontrolliert den Hang **hinuntergleiten.** Durchs Drücken auf die **Kanten** können Sie das Tempo bestimmen und die Skier gerade halten.

• **SKIER**
Stellen Sie die Skier flach, parallel, aber ein bißchen voneinander entfernt.

flache Skier auf dem Schnee

KNIE •
Nehmen Sie die Knie zusammen, und beugen Sie sie nach vorn und außen; geben Sie Druck auf den Ski und dann wieder nach: Die **Kanten** greifen oder lösen sich.

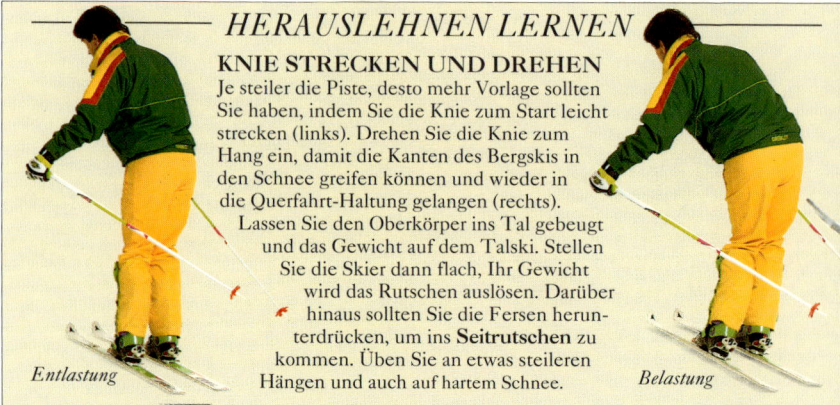

HERAUSLEHNEN LERNEN

KNIE STRECKEN UND DREHEN
Je steiler die Piste, desto mehr Vorlage sollten Sie haben, indem Sie die Knie zum Start leicht strecken (links). Drehen Sie die Knie zum Hang ein, damit die Kanten des Bergskis in den Schnee greifen können und wieder in die Querfahrt-Haltung gelangen (rechts). Lassen Sie den Oberkörper ins Tal gebeugt und das Gewicht auf dem Talski. Stellen Sie die Skier dann flach, Ihr Gewicht wird das Rutschen auslösen. Darüber hinaus sollten Sie die Fersen herunterdrücken, um ins **Seitrutschen** zu kommen. Üben Sie an etwas steileren Hängen und auch auf hartem Schnee.

Entlastung   *Belastung*

Das Seitrutschen in Folge

Beachten Sie die Sequenz des **Seitrutschens** entlang der **Fallinie** und wie man richtig stoppt. Je tiefer Sie gehen, desto schneller können Sie anhalten. Bedenken Sie, daß der Skiläufer seine Haltung häufig ändern muß. Das Gewicht ist unten und die Beine müssen es hinunterdrücken, während sich die Knie ausdrehen, um die Skier flach zu stellen und Sie zu **gleiten** beginnen. Lassen Sie die Knie nicht zu gestreckt. Es ist viel Übung nötig, aber Sie werden sehen: Man kann eine Piste auch völlig kontrolliert hinunterrutschen.

ZUM HALTEN KOMMEN
Wenn Sie lange genug **gerutscht** sind und Sie anhalten wollen, beugen Sie Knie und Hüfte zum Hang hin, und **kanten** Sie die Skier stark ein.

OBERKÖRPER
Achten Sie auf die Schultern. Sie sollten ins Tal schauen und sich ein wenig vorbeugen. Nicht hinten absitzen!

ARME UND STÖCKE
Halten Sie die Arme weit genug vom Körper weg und die Berg-Hand während des **Gleitens** ein bißchen höher. Wenn der **Skistock** im Schnee steckt, könnten Sie über ihn stürzen. Der Oberkörper sollte zum Tal zeigen.

BEINE
Drücken Sie Ihre Knie nach vorn, und drehen Sie sie zum Berg.

Knie drehen zum Berg

Fallinie

In den Schnee kanten

AUFGABE 13

GELÄNDE-SCHULE

Antizipieren lernen und Unfälle vermeiden

Die Grundlagen des Skifahrens zu lernen, ob nun zu Hause oder im Schnee, ist das wichtigste Ziel dieses Kurses. Außer diesen Techniken sollten Sie aber auch die unberechenbare Umgebung und unvorsichtige Skiläufer beachten.

ZIEL: Sich auf sich ändernde Bedingungen einstellen. *Stufe* ••••

HINDERNISSE

Lernen Sie, versteckte Gefahren zu erkennen.

• **KINDER**
Achten Sie auf die Jüngsten: Sie kommen mit viel Mut, aber wenig Können den Berg hinunter.

• **STÜRZENDE SKILÄUFER**
Umfahren Sie gefallene Skifahrer.

ÜBERSICHT BEHALTEN

Dies hier ist ein typisches Bild auf der Piste: Denn mit alledem sollten Sie rechnen, wenn Sie die Abfahrt beginnen. Wie viele menschlichen und natürlichen Hindernisse können Sie erkennen? Wie viele auch immer: Überlegen Sie genau, wie man sie umfahren könnte.

• **SKISCHULE**
Seien Sie sich darüber klar: In ein paar Minuten wird diese Skischulklasse – nachdem der Skilehrer mit ihr genügend Gymnastik zum Aufwärmen der Muskulatur gemacht hat – aufbrechen und viel Platz auf der Piste beanspruchen.

GELÄNDESCHULE • 71

FAHREN SIE WIRKUNGSVOLL UND SICHER

FREUDEN ODER LEIDEN?
Eine Skipiste richtig zu lesen ist schwieriger als man denkt (Seite 90–91). Es lauern viele Gefahren, die Sie richtig einschätzen sollten, doch mit der Übung werden Sie es schnell schaffen: Entscheiden Sie, und richten Sie sich dann danach. Sie dürfen nicht allzu oft leere Pisten erwarten, aber wenn mal eine völlig leer sein sollte, hat das meist seine guten Gründe. Vielleicht haben Sie sogar die Lawinenwarnung übersehen. Jedenfalls denken Sie immer daran, daß eine Piste viel Freude, aber auch viele Gefahren birgt. Sie müssen lernen, das eine zu erkennen, um das andere zu vermeiden, wenn Sie ein guter Skiläufer werden wollen. Skigebiete lassen Sie aber eher ins Unglück fahren, wenn Sie sich nicht konzentrieren. Sollten Sie sich zum Beispiel im dicken Nebel verirren, könnte Ihnen das Geräusch eines Liftes helfen, den Weg nach unten zu finden.

ÜBERRASCHUNG INKLUSIVE
Viele Faktoren entscheiden darüber, wie Sie Ihre Techniken beim Skilaufen anwenden können: andere Skiläufer in Ihrer Nähe, ständig wechselndes Wetter, Sichtverhältnisse oder die Tagesform. Lesen Sie deshalb das Gelände sehr sorgfältig, und wählen Sie das richtige Tempo.

LIFTPFEILER
Der Schnee kann nahe den Pfeilern ziemlich tief sein und versteckte Löcher aufweisen. Bleiben Sie daher weg von den Pfeilern und fahren nicht zwischen ihnen durch. Nutzen Sie den Lift als Orientierungshilfe auf der Piste.

PISTENRAUPE
Achten Sie auf die überraschend schnellen **Pistenraupen;** oft ändern sie ohne Warnung ihre Richtung.

STEINE
Passen Sie auf herumliegende Steine am Rande der **Piste** auf.

BUCKEL
Diese **Buckel** sind zwar nicht so groß, sie können aber trotzdem zum Problem werden (s. S. 74–75).

TIEFER SCHATTEN
Wenn Sie beim Skilaufen von der Sonne in den Schatten kommen, ist Ihre Sicht für ein paar Sekunden getrübt. Der Schnee im Schatten ist meist hart und vereist.

72 • Die Praxis

AUFGABE **13**

Buckel und Senken
Wechselnde Oberflächen meistern

Beugen und Strecken

Kopf
Sehen Sie nach vorn, und achten Sie auf die Gegend. Seien Sie immer bereit, wenn Buckel oder Senken auftauchen, Ihr Gewicht auszugleichen und die Geschwindigkeit zu kontrollieren.

Keine Angst vor Buckel und Senken: Wenn Sie den Körper entspannt und die Knie gebeugt halten, können Sie den plötzlichen Wechsel des Geländes durch **Beugen** und **Strecken** der Knie und des Oberkörpers ausgleichen. Schauen Sie dabei nach vorn, bleiben Sie im Gleichgewicht, und gehen Sie – abgesehen vom Beugen der Knie – mit dem Oberkörper in die Vorlage.

Arme
Halten Sie die Arme weit weg, um das Gleichgewicht zu halten.

Oberkörper
Buckel und Senken können Sie nach vorn oder nach hinten auf die Fersen drücken. Wirken Sie dem entgegen, indem Sie den Körper entspannt, aber nicht zu locker halten; gleichen Sie die Kräfte aus, die von oben und unten auf Sie einwirken.

Beuge
Die Knie und Beine absorbieren den Schlag. Strecken Sie sie in einer Senke, und **beugen** Sie sie, um den Buckel zu „schlucken". Halten Sie in beiden Fällen Ihren Oberkörper gerade.

Skier
Auf holprigem Untergrund können Ihre Skier so übereinandergeraten, daß Sie stürzen. Halten Sie Ihre Skier deshalb ungefähr 15 Zentimeter auseinander, und versichern Sie sich, daß sie nach vorn zeigen.

BEUGEN IST ALLES
Was Sie sich vor allen Dingen merken sollten, ist das Beugen. Bleiben Sie entspannt, und lassen Sie die Knie die ganze Zeit über **gebeugt:** Denken Sie an die Stoßdämpfer Ihres Autos. Stellen Sie sich vor, Sie selbst gingen rauf und runter, um dann unter Kontrolle die Variationen im Gelände auszugleichen.

GELÄNDESCHULE • 73

GLEICH-GEWICHT •
Die Balance ist wichtig: Richten Sie Ihr Gewicht deshalb so aus, daß Sie sich immer im Gleichgewicht befinden, wie das Gelände auch aussieht.

SCHUSSFAHREN
Gehen Sie in die Vorlage, Skier parallel, Knie **gebeugt** und bereit, den Stoß abzufedern, sobald Sie einen Buckel erreicht haben. In einer Senke wird das Knie gestreckt.

OBERKÖRPER •
Lehnen Sie sich nach vorn, und lassen Sie sich nicht nach hinten fallen.

UNTERKÖRPER •
Stabilisieren Sie Ihre Haltung, indem Sie Ihre Knie und Beine leicht strecken. Tun Sie dies, ohne den Körper nach oben zu reißen und die Arme dabei mitzuführen.

• **SKISTÖCKE**
Halten Sie die **Stöcke** aus dem Weg, und nutzen Sie sie nur zur Unterstüzung.

STRECKUNG
Sich zu **strecken** heißt einfach nur: Vom Ski aufzustehen, den Kräften entgegenzuwirken und, ohne zu übertreiben, den Gesetzen der **Schwerkraft** zu trotzen, wenn Sie z.B. durch eine Senke fahren.

— WIE KOMMT MAN AUS DEM LOCH? —

DIE SENKE AUSGLEICHEN
Achten Sie auf den Skiläufer, wie er in der normalen Haltung in die Senke fährt, dann den Körper und die Beine **streckt**, um die Tiefe zu absorbieren, beim Hochkommen zu **beugen** beginnt, um dann die Knie völlig zu **beugen**, wenn er die Anhöhe auf der anderen Seite erreicht hat. **Beugen** und **Strecken** helfen Ihnen gut, Buckel und Senken zu „schlucken".

Völlig gebeugt   *Gestreckt*   *Normale Haltung*

AUFGABE 13

DIE BUCKEL ÜBERWINDEN
Üben Sie Ihre Drehtechniken

UMFAHREN SIE DIE HINDERNISSE

Viele Skiläufer haben Angst vor **Buckeln:** Sie sind jedoch nicht wegzudenken von der Piste, weil sie dadurch entsehen, daß Skifahrer ihre Kurven kratzen im Schnee. Sie können die Buckel über- oder umfahren, aber auf einer Buckelpiste werden Sie sie niemals meiden können.

SCHWUNG EINLEITEN
Schauen Sie nach vorn, und suchen Sie sich einen Weg durch die **Buckel.** Beginnen Sie den Schwung ganz normal, indem Sie sich von einem auf den anderen Ski stemmen und Ihr Gewicht einsetzen. Dabei ist es notwendig, Geschwindigkeit und Richtung zu kontrollieren und den Ski um den Buckel herum zu führen oder ihn gleich zu überfahren.

ARME
Halten Sie die Arme weit weg, und nutzen Sie sie nur, um das Gleichgewicht zu halten.

SKIER
Denken Sie an ein Rallyeauto, das holprige Strecken überwindet: Die Stoßdämpfer halten die Reifen auf der unwegsamen Straße. Genauso hält Sie der Ski so gut wie möglich auf dem Schnee.

BEINE
Das meiste Gewicht ist auf dem Talski, die Beine führen den Ski um den **Buckel herum.**

OBERKÖRPER
Nehmen Sie eine feste Haltung ein, wenn Sie über einen **Buckel** fahren. Lehnen Sie sich nicht nach hinten, und fahren Sie nicht zu schnell.

GELÄNDESCHULE • 75

ÜBERGEWICHT
Gehen Sie weit in die Vorlage, um das **Vorderteil** der Skier auf dem Schnee zu halten. Auf diesem Teil nämlich wird die Drehung ausgeführt, so daß er niemals vom Boden abheben sollte.

KONTAKT HALTEN
Bleiben Sie in der Vorlage, um das Gleichgewicht und den **vorderen Teil** der Skier so lange wie möglich im Kontakt zum Schnee zu halten. Fühlen Sie den Druck, wie er sich aus den Beinen auf die Skier überträgt – denken Sie an Auto-Stoßdämpfer auf einer holprigen Strecke – und Sie werden sehen, wie wichtig es ist, die Knie bei der Fahrt über die Buckel zu beugen.

BEINE
Beugen Sie Knie und Beine, um den Druck von oben auf den Schnee zu absorbieren.

KOPF
Halten Sie den Kopf hoch, und schauen Sie nach vorn, um auf die Buckel zu achten.

SICH VON ÄNGSTEN LÖSEN

DEN STOSS DÄMPFEN
Buckel erfodern eine sichere Technik. Haben Sie keine Angst, es sind nur kleine Beulen im Schnee. Sie sollten sie nicht zu schnell, aber auch nicht zu langsam überfahren. Legen Sie sich nicht in den Stoß hinein, und schauen Sie nicht nach unten – zwei Fehler, die der Skiläufer (rechts) begeht. Seien Sie sicher, daß der **vordere Teil** der Skier im Schnee bleibt. Wenn Sie oben auf dem Buckel sind, lehnen Sie sich der anderen Seite entgegen. Das mag Ihnen ein wenig komisch vorkommen, aber dadurch heben die Skispitzen sich nicht, und Sie fühlen sich sicher.

FRÜH DREHEN
Drehen Sie auf den Buckeln häufig und früh genug; überspringen Sie sie nicht, sonst könnten Sie von der Piste abkommen. Versuchen Sie, dicht an der **Fallinie** hinunterzufahren. Wenn Sie die Buckel seitlich umfahren, nutzen Sie Ihre **Kanten,** um ein Abrutschen in die Mulde zu vermeiden; falls Sie den Buckel direkt angehen, denken Sie daran, sich oben zu drehen und nicht erst, wenn Sie in die Senke **abgeglitten** sind. Sich obendrauf zu drehen klingt schwieriger als es ist, weil dort die Kontaktfläche zum Schnee viel kleiner und somit weniger Reibungswiderstände zu erwarten sind.

Falsche Haltung

AUFGABE 14

FEINABSTIMMUNG

Einschleifen der Techniken, die bereits gelernt wurden

Um das zu verbessern, was bereits vorkam, sollten Sie sich kleine, erreichbare Ziele setzen, um Ihre Techniken zu vervollkommnen. Wir machen das hier nicht, um einfach nur einen **Schneepflug-Stopp** zu versuchen, sondern auch deshalb, das Tempo drosseln zu können und dort zu stoppen, wo Sie es gern wollen.

ZIEL: Die Kontrolle verbessern und die Techniken vervollkommnen. *Stufe* •••

ÜBUNG MACHT DEN MEISTER

Hilfen und Ziele, Ihre Skitechniken zu verbessern

STOPPEN ÜBEN

Zum Anhalten in der Lage zu sein, ist beim Skifahren sehr wichtig. Es nicht zu können, ist die große Angst aller Skiläufer. Sich verbessern bedeutet, kontrolliert zu stoppen.

KANTEN •
Zu Anfang mag Ihnen der **Schneepflug** als Bremse dienen. Erhöhen Sie dabei den Druck auf die **Kanten,** wenn Sie langsamer fahren.

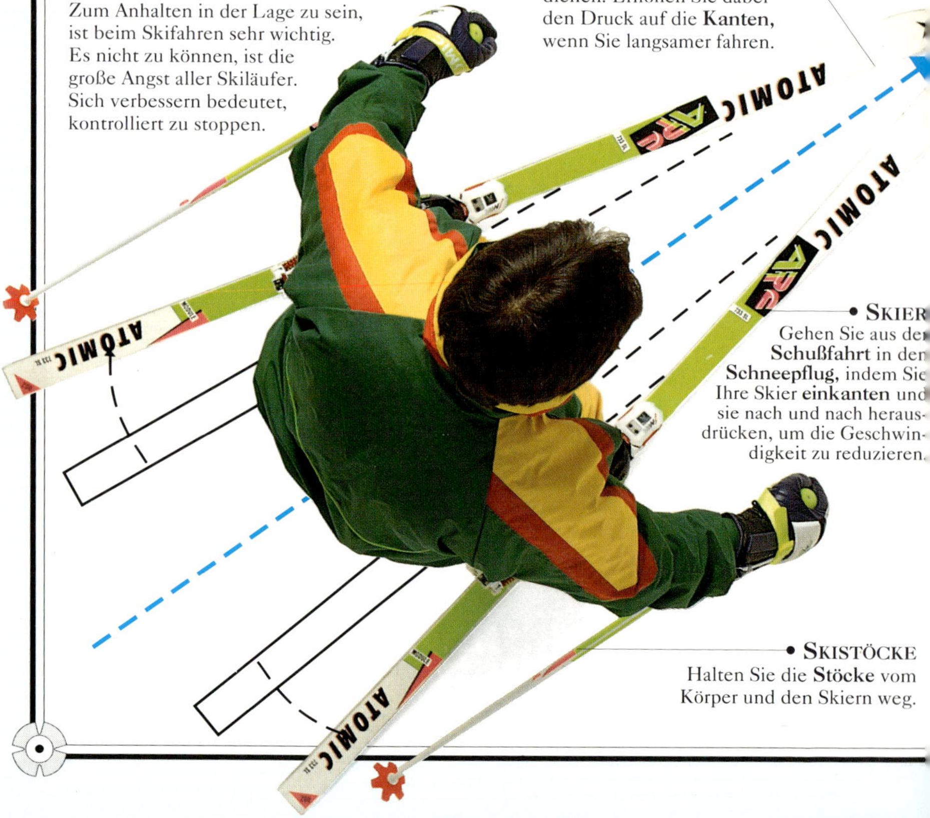

• **SKIER**
Gehen Sie aus der **Schußfahrt** in den **Schneepflug,** indem Sie Ihre Skier **einkanten** und sie nach und nach herausdrücken, um die Geschwindigkeit zu reduzieren.

• **SKISTÖCKE**
Halten Sie die **Stöcke** vom Körper und den Skiern weg.

FEINABSTIMMUNG • 77

AUGEN •
Schauen Sie auf die Markierung, aber handeln Sie richtig, bevor Sie dort ankommen: Sehen Sie nicht auf Ihre Skier herunter, sondern geradeaus, um die Distanz einzuschätzen und allmählich langsamer zu werden.

MARKIERUNG •
Zur Orientierung ließe sich eine Pudelmütze nehmen. Legen Sie sie etwa 50 Meter weit weg, um sich ein Bild davon zu machen, wann Sie stoppen müssen.

Gedachte Haltelinie

• GEWICHT
Um ohne Drehung stoppen zu können, sollten Sie Ihr Gewicht gleichmäßig über beide Skier verteilen; drücken Sie dann auf Ihre Fersen und **Kanten.** Wenn Sie dabei einen Ski stärker belasten, werden Sie sich auf eine Seite hin drehen.

Fallinie

• OBERKÖRPER
Sie dürfen Sich nicht zu weit vorlehnen, wenn Sie von der **Schußfahrt** in den **Schneepflug** gehen. Lassen Sie Ihr Gewicht durch die Beine und die Fersen auf die Skier „fließen", so daß alle Energie der Phase des Anhaltens dient.

SCHULTERN •
Halten Sie die Schultern gesenkt und entspannt.

• ARME
Halten Sie die Arme ein wenig nach vorn und weit genug vom Körper weg; das sorgt dafür, daß sich Ihr Gewicht gut verteilt und Sie nicht nach hinten kippen.

GEWICHTSVERLAGERUNG

SCHRITT FÜR SCHRITT

Belasten bedeutet, den Druck auf die Skier durch Einsatz Ihres Körpergewichtes zu erhöhen. **Entlasten** ist die Gegenwirkung dieses Drucks, der die Skier von den einwirkenden Kräften befreit und ihnen dadurch erlaubt, die Richtung zu ändern. Beides ist nötig, um sich eine sichere Skitechnik anzueignen; es gibt viele Wege, dies zu üben: beispielsweise zu Hause auf der Treppe, wo man sich darauf konzentrieren sollte, das **Gewicht** von einem auf das andere Bein zu **übertragen.** Steigen Sie daher, wie hier zu sehen, seitlich die Treppe herauf, und gehen Sie wie beim Skilaufen gerade herunter. In Skischuhen wird Ihnen das ungewohnt vorkommen und anfangs sehr schwierig sein; aber machen Sie trotzdem weiter, und bleiben Sie in der richtigen Haltung. Diese Übung braucht viel Gleichgewichtsgefühl.

78 • DIE PRAXIS

AUFGABE 14

EIN NATÜRLICHES GEFÜHL BEKOMMEN

Achten Sie auf den Skiläufer, der sich, von vorn gesehen, am **Schneepflug** versucht: Er startet in einer offenen Haltung (übertrieben, um die Wirkung zu zeigen) und geht dann in eine geschlossene Position, um Geschwindigkeit aus der Fahrt zu nehmen.

AUGEN
Konzentrieren Sie sich aufs Stoppen in der erforderlichen Haltung, Blick nach vorn.

STARTPOSITION
Halten Sie sich gerade, Arme vom Körper weg, Skier quer zur **Fallinie** und nicht zu sehr **gekantet**. Lassen Sie die Skier laufen, bevor Sie die **Kanten** mit Hilfe der Knie einsetzen.

STRECKEN
Beginnen Sie den Körper ins Hohlkreuz zu strecken, schauen Sie nach vorn.

KOPF
Versuchen Sie zu stoppen, ohne auf die Skier zu gucken.

Lift

BEINE
Strecken Sie die Beine, um übermäßiges **Kanten** zu vermeiden.

ARME
Halten Sie die Arme vom Körper weg, um fürs Gleichgewicht zu sorgen.

KNIE
Die Knie sind noch auseinander; beim Start kommen sie dichter zusammen.

BREMSBEGINN

ÄNDERN SIE DIE HALTUNG
Achten Sie auf den Skifahrer (rechts), wie er sein Tempo kontrolliert: Er läßt seinen Oberkörper sinken, indem er in den Knien nachgibt, die Arme hereinbringt und die Schultern beugt. Damit drückt er buchstäblich die Geschwindigkeit aus seiner Fahrt heraus. Dabei ist das Gewicht gut auf beide Skier verteilt, wenn er seine Abfahrt direkt in der **Fallinie** verlangsamt. Die Arme und **Skistöcke** werden vom Körper weggehalten und helfen so beim Einhalten des Gleichgewichts.

SKIER
Kanten Sie die Skier, aber bleiben Sie im **Schneepflug**, und fahren Sie in der **Fallinie** herunter.

Fallinie

SITZÜBUNGEN

BILDER SCHAFFEN
Stellen Sie sich vor, um Ihre **Querfahrt** zu verbessern, es stünde ein Zaun oder ein weites Tor quer zur **Fallinie:** Sie könnten dann Ihre Skier parallel zu diesem Zaun hin ausrichten, quer zur erdachten oder echten Fallinie und sich weiter vorstellen, Sie würden entlang des Zaunes streifen und sich ein wenig von oben auf ihn setzen. Das würde automatisch bei Ihnen für die korrekte Querfahrt-Haltung sorgen und die Hüfte und Schulter in die richtige Linie bringen, wenn Sie den Oberkörper – wie hier gezeigt – drehen. Beim Querfahren selbst denken Sie sich am besten das Befahren eines Gleises aus. Benutzen Sie diese mentalen Hilfen bis zum Ende eines jeden Schwungs, damit sie Ihnen Vertrauen in die Querfahrt geben, wenn Sie die nächste Drehung ansetzen. Denken Sie daran, den Körper zur Seite zu **kippen**, sich über den Talski zu beugen und die **Komma-Haltung** einzunehmen. Mit **eingekanteten** Skiern werden Sie sich gut am Berg halten können.

HALTUNG
Der Oberkörper sollte zum Tal und der Unterkörper zum Berg hin zeigen.

OBER-SCHENKEL
Pressen Sie Oberschenkel und Knie zusammen, und drücken Sie sie nach vorn heraus. Die Skier sind vollständig **gekantet**.

ZUSAMMENKAUERN
Sehen Sie sich den Skifahrer an, wie er sich aus einer aufrechten Haltung heraus tief zusammenkauert. Je schneller Sie heruntergehen, desto schneller halten Sie an.

KÖRPER & GLEICHGEWICHT
Bringen Sie Oberkörper Arme und Ellenbogen nach vorn, um den Bremseffekt zu verstärken und das Gleichgewicht zu halten, das sich immer genau im Mittelpunkt des **Schneepflugs** befinden sollte. Lassen Sie es nicht zu, daß Ihr Gleichgewicht und somit auch Ihr Oberkörper auf die eine oder andere Seite kippt.

KNIE PRESSEN
Wenn Sie mit den Händen Ihre Knie zusammendrücken, werden die Skistöcke gleichzeitig von den Skiern und dem Schnee weggehalten.

KANTEN
Neigen Sie die **Kanten** Ihrer Skier in die Piste, indem Sie die Knie beugen und den Körper **belasten;** das gibt den Skiern besondere Griffigkeit und den Halt, sie zu kontrollieren.

FAUSTPRESSE
Manchmal ist es ganz nützlich, die Knie mit der Faust zusammenzuhalten, so läßt sich die richtige Körperhaltung gut üben.

TIPS FÜR FORTGESCHRITTENE

Übertragen Sie Ihr neues Können auf die Piste

Sie haben jetzt Ihren Kursus hinter sich und hoffentlich auch die Grundlagen des Skilaufens fest im Griff. Sie sollten nun **querfahren,** wenden, stoppen, fallen, aufstehen und schußfahren können und auch geistig den Anforderungen auf der Piste gewachsen sein. Dies alles bildet die Basis: ohne sie zu beherrschen ist eine gute Technik nicht vorstellbar. Der beste Weg ist der in

MIT FREUDE
Lernen Sie am besten mit Freude, und sollte ein Problem auftauchen – keine Angst: Blättern Sie ein Kapitel zurück, und fangen Sie von neuem an.

die Skischule. Suchen Sie sich aber eine, in der man Ihre Sprache spricht, in der man Begriffe verwendet, die Sie verstehen und wo der Skilehrer weiß, auf Ihre Probleme einzugehen. Suchen Sie sich möglichst kleine Skigruppen aus. Nach diesem Kursus könnten Sie sich vielleicht schon reif fürs Fortgeschrittene fühlen oder zumindest für ein paar private Stunden, um ungestört an der Technik zu feilen. Das wichtigste jedoch ist, daß Sie beim Skilaufen bleiben, weil Sie nichts besser schulen wird als die Zeit, die man auf dem Schnee verbringt. Die hier erlernten Techniken werden sicher gut halten, wenn Sie sie in der Herausforderung üben: höhere Berge, tieferer Schnee und beides auf und **abseits der Piste.**

SKIER ZUSAMMEN

Wie man weich, geschlossen und parallel auf Skiern dreht

Jeder Anfänger will einmal **parallel schwingen;** schließlich sieht es toll aus, man fühlt sich gut dabei, doch es zu können, heißt üben, üben, üben. Denken Sie immer daran, daß die Skier nicht verschweißt sind, um sauber zu schwingen. Halten Sie daher die Skier hüftbreit auseinander, um sich zu stabilisieren. Denken Sie auch daran, daß sich beide Skier zur gleichen Zeit wechselseitig auf die **Kanten** drehen; dies verlangt die Anwendung aller Skitechniken, die Sie bereits gelernt haben und wird Sie, mit ein bißchen Tempo und Selbstvertrauen, ein Stück weiterbringen auf dem Weg, die Skier enger zu halten.

SCHNELL UND SICHER
Es ist einfacher, die Skier zusammenzubekommen, wenn Sie – wie hier der Skiläufer – ein wenig schneller in der **Fallinie** fahren.

TEMPO KANN HELFEN

GEWICHTSVERLAGERUNG
Sie müssen schneller fahren, um die Skier besser zusammenzuhalten und sie später besser **be- und entlasten** zu können; wenn Sie Ihr Gewicht dann von einem Ski auf den anderen verlagern, werden sich Ihre Skier wirkungsvoller drehen lassen. Versuchen Sie niemals, die Skier sofort zusammenzubringen, nehmen Sie eine offene, standfeste Haltung ein: Schon ist Geschwindigkeit kein Problem mehr. Nehmen Sie das Tempo mit in den Schwung,

den Blick immer auf die Piste gerichtet, und leiten Sie schnell die Drehung ein. Es gibt aber keinen Grund, die Skier mit Gewalt herumzureißen, wenn Sie sich schneller bewegen. Geschwindigkeit hilft Ihnen vielmehr bei der Entlastung der Skier, wenn Sie mit dem Schwung beginnen. Beim schnelleren Fahren löst sich der Körper während der relativ leichten Aufwärtsbewegung eher von der **Anziehungskraft** der Piste und entlastet so besser die Skier.

SCHWINGEN ÜBEN

Sehen Sie sich mal den Skiläufer an, wie er seine Skier immer dichter zusammenstellt. Er hält dabei sein Gleichgewicht über dem **belasteten** Ski, während er den **unbelasteten** Ski in die Mitte bringt. Wenn Sie mit Tempo in den Schwung fahren, können Sie Ihre Skier besser schließen; außerdem läßt sich die Drehung besser **einleiten,** wenn beide Skier **entlastet** werden. Das alles kostet viel Übung: sich aufs weiche Drehen zu konzentrieren, schneller zu fahren und die Skier enger zu schließen.

DREHUNG
Lassen Sie beim Schwung den Körper sinken. Dann strecken Sie ihn wieder und **entlasten** die Skier, indem Sie die Beine **durchdrücken** und sich mit den **Skistöcken** abdrücken.

GEWICHT
Verlagern Sie das Gewicht auf den äußeren Ski; gehen Sie wieder mit dem Körper herunter, um den Schwung zu beenden.

KÖRPERSCHWERPUNKT
Der Körper**schwerpunkt** verläuft – wie er beim Skifahrer – von der Mitte des Rückens durch die Knie bis zu den Fußballen. Das sorgt dafür, daß sich während des Schwunges Ihr Gewicht und Gleichgewicht fest über dem Talski befindet, während der Innenski unbelastet bleibt und sich daher frei bewegen läßt.

GESCHLOSSENER SCHWUNG
Der Unterschied zwischen einem **Pflugbogen** und einem **Parallelschwung** ist ziemlich gering. Mit etwas mehr Geschwindigkeit werden sich Ihre Skier besser schließen lassen, weil es einfacher ist, je mehr man sich der **Fallinie** nähert. Bei den schnelleren Schwüngen bleibt das Gewicht auf dem Außenski, so daß man sich voll darauf konzentrieren kann, den anderen Ski so schnell wie möglich beizustellen. Schließen Sie den Schwung, aber achten Sie immer darauf, daß der Oberkörper ruhig bleibt und bei gebeugten Knien Richtung Tal zeigt.

84 • TIPS FÜR FORTGESCHRITTENE

BALANCE VERBESSERN

Schauen Sie sich den Skiläufer auf dem linken Bild an: Es sieht so aus, als habe er viel zu viel Rücklage und sei völlig aus dem Gleichgewicht; tatsächlich aber versucht er, sein Tempo auf einer Buckelpiste auszugleichen. Beim Skifahren gibt es mehrere Möglichkeiten, das Gleichgewicht zu halten, und vor allen Dingen sollten Sie sich dabei dem Gelände und der Geschwindigkeit anpassen. Nehmen Sie eine **geöffnete Skistellung** ein, so weit wie nötig, um die Balance zu kontrollieren. Balance und Kontrolle, beides ist wichtig, aber wichtiger ist immer die Balance; denn wenn Sie das Gleichgewicht verlieren, sind Sie immer auch außer Kontrolle.

STEIL HINUNTER
Beugen Sie die Knie nach vorn, wenn Sie ins steile Gelände fahren. Das wird Ihnen helfen, den Druck auf die Schaufeln und die Skier unter Kontrolle zu bringen. Es gibt keinen Grund, die Skier ganz zu schließen, sie sollten nur parallel bleiben.

OBERKÖRPER
Halten Sie den Oberkörper entspannt über Knie und Fersen, aber seien Sie stets bereit, durch starkes **Beugen** Buckel abzufedern und somit die Balance zu wahren.

• ARME
Strecken Sie die Arme ein wenig wie Flügel aus; das sorgt für seitliche Stabilität.

• HALTUNG
Passen Sie Ihre Haltung dem Gelände und der Piste an

• SKISTÖCKE
Nutzen Sie die **Stöcke**, um das Gleichgewicht zu halten.

GEWICHT •
Belasten Sie nun ganz fest den rechten Ski, aber beugen Sie trotzdem beide Knie, um vorn und hinten stabil zu bleiben und den Stoß von Buckeln zu mindern.

SKIER •
Die Skier sind parallel und hüftbreit auseinander. Wenn Sie auf die **vorderen** Skier Druck geben, bleiben sie selbst auf hartem Schnee ruhig und laufen nicht Gefahr, sich mit den **Spitzen** zu überkreuzen.

IN JEDEM GELÄNDE
Achten Sie auf den Skiläufer (rechts), wie er gerade im Tiefschnee einen steilen Hang in Angriff nimmt und trotzdem seinen Skiern vertraut, weil er sich auf die erlernten Techniken verläßt: Sie wägten ihn schon lange vorher in Sicherheit. So kann er das Gelände gut ausgleichen, weich und sportlich fahren.

TREIBEN LASSEN

MIT FLUSS INS TAL
Skifahren spielt sich fast, je nach Geisteszustand, mehr im Kopf als in den Beinen ab. Deshalb mögen bestimmte Phantasien Ihnen manchmal dabei helfen, bei der Lösung von Problemen weiterzukommen. Wie zum Beispiel bei den beiden Skiläufern (links), die gerade eine **Buckelpiste** befahren; wenn Sie das selbst kennen, wird es Ihnen vielleicht auch helfen, sich vorzustellen, wie Wasser in einem steinigen Flußbett den Berg hinunterfließt: Nirgendwo stößt das Wasser an, sondern plätschert ruhig über die Steine hinweg oder findet immer seinen Weg um die großen Steine herum. Lassen Sie auch Ihre Skier für sich arbeiten, reißen Sie sie nicht mit Gewalt herum, und vermeiden Sie übertriebenen Körpereinsatz.

IM NEUSCHNEE

Sich den neuen, herausfordernden Bedingungen anpassen

Skifahren findet nicht immer nur auf festem, **plattgewalztem** Schnee statt. Es kann immer mal wieder schneien, während des Kurses oder über Nacht, und deshalb sollten Sie fähig sein, auch im **Tiefschnee** klarzukommen. Zwar kann sich der Tiefschnee stets ändern – von leicht und flockig bis naß und schwer –, aber in der frischgefallenen, weißen Pracht werden Sie am besten merken, was es heißt, durch einen unberührten Hang zu fahren. Trotzdem kann Tiefschnee ziemlich gefährlich sein: Achten Sie deshalb auf die Warnschilder, auf die Lawinenfähnchen und auf geschlossene Pisten. Keine Angst, wenn Ihre Skier plötzlich im Schnee verschwinden, man muß sie nicht immer im Auge haben.

SCHWUNG SPÜREN

Tiefschneefahren ist eine Sache des Gleichgewichts. Wenn Sie ein Gespür dafür haben, wird es Ihnen leichter fallen; trotzdem sollten Sie stets bemüht sein, weich zu schwingen und die **Skispitzen** aus dem Schnee zu halten. Bleiben Sie dicht in der **Fallinie,** und vermeiden Sie weite Schwünge. Ein etwas höheres Tempo wird Ihnen beim Drehen helfen und – wenn Sie die Spitzen aus dem Schnee halten – gut über den Hang führen.

• **ARME**
Halten Sie Ihre Arme weit genug vom Körper weg.

• **KNIE**
Die Knie helfen Ihnen, die Skier durch den Schnee zu führen; halten Sie sie zusammen.

• **BEINE**
Halten Sie die Beine gebeugt und zusammen.

IM NEUSCHNEE • 87

FLÜSSIGE BEWEGUNGEN
Der Skiläufer bleibt dicht an der **Fallinie** und geht mit geschlossenen Beinen in den Schwung. Das ist die ideale **Tiefschnee**-Haltung und zugleich die sicherste. Tiefer Schnee macht immer langsam, also haben Sie keine Angst, wenn Ihre Skier direkt ins Tal zeigen. Halten Sie die Skier zusammen und die **Skispitzen** aus dem Schnee.

TIPS FÜR DIE SPITZE

KNÖCHELTIEFER SCHNEE
Achten Sie auf die Stellung der Skier im Schnee, und vergleichen Sie die beiden Abbildungen. Im knöcheltiefen Schnee kann der Skiläufer die klassische Abfahrtshaltung einnehmen und wird dabei wenig Widerstand spüren. Sein Gewicht verteilt sich auf die Mitte der Skier, und die Skispitzen schneiden sich sanft in die Oberfläche.

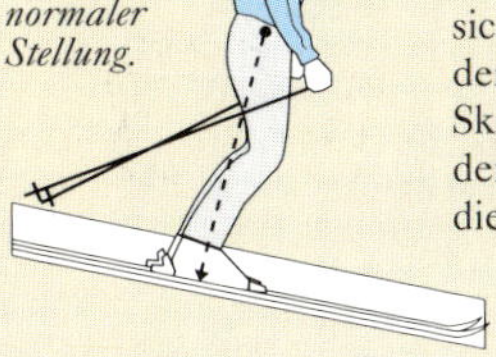

Die Skier bleiben unter knöcheltiefem Schnee in normaler Stellung.

KNIETIEFER SCHNEE
Dadurch, daß die Skispitzen vorne herausschauen und die Schneeoberfläche brechen müssen, ist es notwendig, die Haltung zu wechseln, wie der Skifahrer auf dem Bild zeigt. Lehnen Sie sich nicht bewußt zurück. Gleichen Sie Ihre Position nur so weit aus, daß sich die Skispitzen durch die Oberflächen brechen können und den Skiern freie Fahrt erlauben.

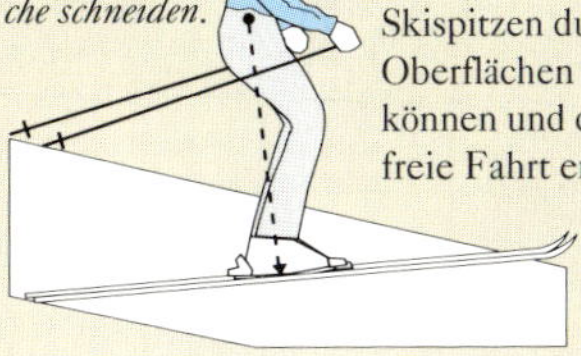

Die Skischaufeln sollten sich durch die Schneeoberfläche schneiden.

REIN IN DEN HANG

Nach vorn schauen, das Gelände lesen und das Tempo nutzen, um früh und häufig zu drehen

Die meisten Anfänger haben ein bißchen Angst davor, zu schnell zu werden, weil sie sich nicht zu kontrollieren wissen. Machen Sie sich frei davon, denn für einen guten Schwung brauchen Sie auch gutes Tempo und ein gerüttelt Maß an Kampfbereitschaft, um in der gewünschten Richtung herunterzukommen. Lassen Sie die Skier nicht nur laufen oder vor dem Schwung zu langsam werden.

AUGEN
Schauen Sie geradeaus, und lesen Sie die Piste. Merken Sie sich den Punkt, an dem Sie drehen wollen, und denken Sie daran, früh und häufig zu schwingen.

ALSO LOS!

Ohne Schwung kein Skifahren, und Tempo wird Ihnen dabei helfen; es hilft Ihnen ebenso, die Skier zu **entlasten,** und befreit Sie ein wenig von der **Anziehungskraft** der Erde.

KÖRPER-RHYTHMUS
Ein guter Fahrer fährt dicht an der Fallinie. Machen Sie es auch; dabei ist der Körper entspannt nach vorn gebeugt, und ein Schwung löst den anderen ab.

BEINE
Strecken Sie die Beine, um beim Drehen das Gleichgewicht zu halten.

GESCHWINDIGKEIT SPART KRAFT

TEMPO HILFT BEIM DREHEN
Eine schnelle Abfahrt strengt Skiläufer weniger an und verstärkt die Bewegungen, die Sie zum Drehen und zur Beherrschung Ihrer Skier machen müssen, d.h.: Eine kurze Bewegung der Arme oder des Oberkörpers bei hohem Tempo bewirkt viel mehr als eine lange, unkontrollierte Bewegung bei langsamer Geschwindigkeit. Außerdem spart Tempo auch viel Kraft: Man wird nicht so schnell müde und kommt besser über den Tag. Ein anderer Vorteil ist, daß Geschwindigkeit auch saubere Technik verlangt. Nutzen Sie den Schwung, und Sie müssen weniger **entlasten;** er führt zu einer schnelleren Freigabe der Skier und einer weicheren Drehung, ohne übertriebene Verrenkungen oder das Gleichgewicht zu verlieren.

KOMMEN SIE IN FAHRT

Machen Sie sich ein Bild vom Fahren in der **Fallinie,** fahren Sie schnell, und greifen Sie hartnäckig die Piste an – wie hier auf dem Bild. Wenn Sie erst einmal die Techniken beherrschen, ist Skifahren einfacher als Sie denken. Eines Tages werden Sie jeden Hang schaffen, so wie der Skifahrer unten auf dem Bild.

Sicher mit Verstand

Folgen Sie den Vorschriften und den Markierungen auf der Piste

Skifahren ist ein toller Sport, aber es kann dabei auch sehr viel passieren. Beachten Sie daher folgendes: 1. Fahren Sie niemals so, daß Sie andere gefährden. 2. Passen Sie sich Ihrem Können an; denken Sie an wechselnden Untergrund und Wetterbedingungen. 3. Wählen Sie immer den richtigen Weg, um nicht die Sicherheit von Skifahrern über und hinter Ihnen zu gefährden. 4. Machen Sie einen weiten Bogen, wenn Sie andere Skiläufer überholen. 5. Fahren, verlassen oder kreuzen Sie niemals eine Piste, ohne vorher nach anderen Skifahrern zu sehen. 6. Stoppen Sie nicht an engen Stellen oder Plätzen mit schlechter Einsicht. 7. Gehen Sie immer am Rand der Piste hoch. Wenn Sie mit den Skiern laufen, meiden Sie die Mitte des Hanges, und bleiben Sie auf einer Seite. 8. Achten Sie auf die Pistenschilder (siehe andere Seite).

WETTERTÜCKEN

SCHLAGEN SIE KEINE WARNUNG IN DEN WIND

Skifahren findet nun mal in den Bergen statt, und dort ist das Wetter immer etwas launisch: Innerhalb von Minuten zum Beispiel kann sich über einem hellen Sonnentag ein dichter, kalter Nebel zusammenbrauen. Denken Sie daran, daß die Temperatur oben auf dem Berg zu jeder Zeit normalerweise tiefer sein wird als unten im Tal; als Faustregel mag gelten: Alle hundert Höhenmeter wird es um etwa einen Grad kälter. Bei Sonnenschein wird es Ihnen nicht so auffallen, aber Sie werden es gleich spüren, wenn Sie in den Schatten fahren oder die Sonne hinter einer Wolke verschwindet. Beachten Sie dies, wenn Sie sich morgens fürs Skifahren fertigmachen.

GESUNDER MENSCHENVERSTAND

Was das Wetter auch verspricht, es kann sich immer ändern. Ziehen Sie sich Pullover, Mütze und Anorak über. Meiden Sie weiße Kleidung, darin sieht man Sie schlecht, und bleiben Sie, sollten Sie welche tragen, nahe bei der Skigruppe. Unterschätzen Sie niemals die Berge.

SCHILDER BEACHTEN

Zollen Sie den Zeichen Beachtung, die es rund um die Piste auf Schildern und Tafeln gibt: Sie informieren und warnen. Pistennummern, Fahrmarkierungen (siehe unten) etc. findet man auch in der **Pistenkarte**.

BLAUE ABFAHRT
Für Skiläufer, die gerade die Grundlagen kennen und viel Platz brauchen. Dort gibt es keine Steine, Felsen, Bäume oder Buckel und genügend Platz zum Schwingen. Grüne Abfahrten sind noch leichter.

ROTE ABFAHRT
Für Fortgeschrittene, die mit Tempo parallel schwingen können; auf roten Pisten wechseln sich schwierige mit leichteren Passagen ab.

SCHWARZE ABFAHRT
Nur für Könner, dort gibt es im wesentlichen steile Wände, enge **Pisten**, viele **Buckel**; schwarze Pisten sind besonders oft in schlechtem Zustand.

ZEICHEN MADE IN USA
Amerikanische Skigebiete (siehe oben) benutzen andere Markierungen; die Stufen der Anfänger haben ein Viereck, die der Fortgeschrittenen eine schwarze Raute und die der Könner eine doppelte schwarze Raute.

● **ACHTUNG! GEFAHR!**
Wenn Sie dieses Schild sehen, müssen Sie mit Pistenraupen, Liftpfeilern etc. rechnen.

Achtung! Pistenraupe!

Erste Hilfe

Notfalltelefon

ERSTE HILFE UND TELEFON
Markieren Sie einen Unfallort mit zwei aufgestellten, gekreuzten Skiern oberhalb des Verletzten. Dann holen Sie Hilfe über das Telefon und den Erste-Hilfe-Posten.

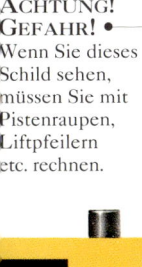

● **LAWINENGEFAHR**
Auf Lawinen sollte man immer achten, besonders, wenn es viel geschneit hat. Fahren Sie niemals über gesperrte Pisten, die mit einem gelb-schwarzkarierten Schild oder einer Flagge gekennzeichnet sind.

GLOSSAR

A

- **Akklimatisierung** Die Position während des Einkantens. Der Oberkörper ist vorgebeugt und die Knie sind zum Hang gedrückt.
- **Antizipation** Vorbereitung von Körper und Skier auf den Schwung.
- **Anziehungskraft** Die Kraft, die den Körper Richtung Erde zieht und den Skifahrer ins Tal fahren läßt.

B

- **Babyhang** Einfache Piste für Anfänger, meist ein flacher Hang in der Nähe einer Skischule.
- **Beinkanten** Neigung der Skier gegen den Schnee, um für den gewünschten Druck zu sorgen und die entsprechende Griffigkeit.
- **Belastung** Druckerhöhung auf einen Ski, um die Drehung einzuleiten.
- **Beugung** Einnahme einer tiefen Haltung, um Hüfte, Knie und Fußgelenke zu beugen.
- **Bindung** Verbindungsstück zwischen Ferse und Zehen, um den Schuh an den Ski zu heften und sich beim Sturz wieder zu lösen.
- **Buckel** Verursacht Stöße im Schnee, die man mit den Skiern ausgleichen sollte.

D

- **Doppelstockschub** Beidseitiger, gleichzeitiger Stockeinsatz, um sich besonders im Flachen vorzuschieben.
- **Drehstern** Drehung auf der Stelle, um die Skienden oder Schaufeln herum, die Skier werden dabei angehoben.

E

- **Entlastung** Streckung der Beine und des Oberkörpers während des Schwungs, um den Anpreßdruck auf den zu drehenden Ski zu reduzieren und die Richtungsänderung zu erleichtern.

F

- **Fallinie** Die kürzeste Strecke zwischen Berg und Tal.

G

- **Gewichtsverlagerung** Übertragung des Körpergewichtes von einem auf den anderen Ski, um ihn zu stabilisieren oder den Schwung einzuleiten.
- **Gleiten** Die Fahrt der Skier vorwärts oder rückwärts über Schnee.

H

- **Hochentlastung** Entlastung der Skier durch Aufwärtsbewegung des Körpers und Streckung von Knien und Hüfte.

K

- **Kanten** Schmaler, seitlicher Metallstreifen unter beiden Seiten der Skier, um die Abnutzung zu mindern und den Schwung zu steuern.
- **Klammern** Weggleiten eines Skis beim Schwung, anstatt sich einzukanten.
- **Körperschwerpunkt** Die erdachte Körpermitte, dort sollte das Gewicht des Skiläufers zu gleichen Teilen verteilt sein.
- **Krümmung** Leichte Wölbung unter dem Ski, um das Gewicht des Skiläufers zu absorbieren, damit Skispitzen und Skienden auf dem Boden bleiben.

O

- **Offene Skistellung** Hüftbreites, paralleles Ausstellen beider Skier.

P

- **Parallelschwung** Richtungsänderung mit völlig parallel gestellten Skiern.
- **Pflugbogen** Schwung, aus dem Schneepflug heraus eingeleitet, indem der Skiläufer mehr Druck auf einen Ski gibt.

GLOSSAR • 93

- **Piste** Präparierte Skiabfahrt, mit plattgewalztem Schnee.
- **Pistenkarte** Landkarte im Taschenformat mit Informationen über Skilifte und Schwierigkeitsgrade.
- **Pistenraupe** Breites Kettenfahrzeug mit einem Schneepflug, das den Neuschnee von der Piste räumt.
- **Pulverschnee** Leichter, häufig frisch gefallener Schnee, der noch nicht gewalzt worden ist.

R

- **Rücklage** Das Abweichen der normalen Skihaltung, um das Gleichgewicht zu halten oder die Skispitzen aus dem Tiefschnee zu bekommen.

S

- **Schneepflug** Skistellung in Form eines V, kontrolliert den Lauf.
- **Schneiden** Die Kanten benutzen, um Tempo zu machen.
- **Schrägfahrt** Befahren eines Hanges im rechten Winkel zur Fallinie.
- **Schußfahren** Gradlinige Abfahrt mit parallel gestellten Skiern.
- **Schwungansatz** Die einleitende Bewegung für den Schwungbeginn, Beugung der Knie.
- **Schwungeinleitung** Der Moment, in dem die Skier ihre normale Linie verlassen und sich zu drehen beginnen.
- **Schwungsteuerung** Die Phase nach der Schwungeinleitung.
- **Seitrutschen** Kontrolliertes seitliches Abgleiten der Skier.
- **Seitwärtssteigen** Seitliches Aufsteigen, Schritt für Schritt, mit aufgekanteten Skiern.
- **Skiende** Der Teil des Skis, der hinter der Bindung beginnt.
- **Skispitze** Der leicht nach oben gebogene Anfang eines Skis, auch Schaufel genannt.
- **Skistöcke** Drehhilfen beim Schwung und Hilfen zur Einhaltung des Gleichgewichts.
- **Stockeinsatz** Der Augenblick, in dem der Stock in den Schnee einsticht.
- **Streckung** Aufwärtsbewegung der Hüfte, Knie und Fußgelenke, um die Skier während des Schwungs zu entlasten.

T

- **Taille** Die Mitte des Skis im Bereich der Bindung.

U

- **Überdrehung** Zu starkes Eindrehen in den Hang nach Beendigung des Schwunges.

V

- **Verkanten** Ski gräbt sich nach zu starker Belastung in den Schnee, hat meist Sturz zur Folge.
- **Vorderski** Der Bereich des Skis zwischen Schaufel und Bindung.
- **Vorlage** Leichte Vorbeuge des Körpers aus der Vertikalen heraus, um das Gewicht über dem Vorderski zu halten.

W

- **Wilde Piste** Ein nicht präparierter und gekennzeichneter Skihang.

STICHWORTVERZEICHNIS

A

Abbremsen:
  mit Kanten 48, 51, 76
  Schneepflug 49, 78
Abfahren: 47
  Angst vor dem Sturz 46
  Hindernisse 46
  Schußfahrt 52
  Pflugbogen 54
  Tempo 88
  Steilhänge 84
Abfahrten:
  Könnensstufe 91
  Karte 13
  Schilder 91
Akklimatisierung 10–11
anhalten:
  Übung 76
  Seitwärtsrutschen 67
  Schneepflug 49–51
Arme, Armhaltung 24, 31
aufstehen 40
Ausrüstung:
  Bindung 22
  Skistiefel 18–19
  Kleidung 16–17

B

Babyhang 12
Beine, Haltung 24
Beugung, über Buckel, in Senken 72
Bindung 11, 12
Buckel und Senken 72
Buckel:
  überwinden 74
  beachten 46
  Denkhilfe 85

D

Denkhilfe:
  auf der Buckelpiste 85
  Tempo 89
  Querfahrt 79
Doppelstockschub 35
Drehhilfe 62
Drehstern 44

E

einkanten: 26, 33
  Seitrutschen 67
  Seitwärtssteigen 42
  einstechen, Skistöcke 62, 64
Entlastung 63, 77
Entspannung, Sturz 39
Erste Hilfe 91
erster Druck, Querfahrt 79

F

Fahrradtraining 27
Fallinie, Richtungsänderung 46
Farbe, Kleidung 17
Fäustling 17
Fitneß 27
flacher Hang, Richtungsänderung 44
Fuß, Haltung 24
gehen 34

G

Geländeschulung 70
Geschwindigkeit 88
gestürzte Skifahrer 70
getimte Schwünge 62
getönte Sonnenbrille 16
Gewichtsverlagerung: 33, 77
  Parallelschwung 82
  Pflugbogen 54
Gleichgewicht: 24
  im Neuschnee 86
  verbessern 84
gleiten 35

H

Haltung: 24
  Gleichgewicht 84
  über Buckel, in Senken 72
Hände, drauffallen 38
Handschuhe 16, 17
herausstehende Steine 71
Hindernisse 46, 70
hinsetzen 37

J

Jacke 16

K

Kanten:
  zum Bremsen 48, 51, 76
  wechseln 55
Karte 13, 91
Kauern, Querfahrt 79
Kinder beachten 70
Kleidung 16–17
Knie:
  Haltung
  Pflugbogen 55
knietiefer Schnee 87
knöcheltiefer Schnee 87
Komma-Haltung, Querfahrt 60
Kontrolliertes Fallen 38
Kopf, Haltung 24, 31
Körper, Körperhaltung 24, 31
Körperschwerpunkt 83

L

Lawinenwarnung 71, 86, 91
Lifte: 12, 14–15
  Skipaß 12, 13
  Pfeiler 71
Lippenstift 11, 16

M

Markierung, Bremsübung 77
Muskeln, Streckübungen 9, 27
Mütze 17

N

Notfalltelefon 91

O

Overall 17

P

Parallelschwung 82
  Seitwärtssteigen 42
  Seitrutschen 66
Pfeiler, Skilift 71

STICHWORTVERZEICHNIS • 95

Pflugbogen 54
Pflugbogen 55
Querfahrt 79, 83
Pistenraupe 71, 91

Q

Querfahrt 26, 60, 79

R

Richtungsänderung 44

S

Schatten, Sicherheit 71
Schaufel, Skier 20
schieben, Übung 33
Schilder 91
Schlepplift 14–15
Schnee:
 Neuschnee 86
 Pulverschnee 86
Schneepflug 49, 51
 Querfahrt 79
Schneepflug 48–51, 78
 Tempo 88
 Stern 44
Schußfahrt 52, 73
Schußfahrt 52
Skistellung 31, 84
Seitrutschen 66
 draufstellen 26
 steil 84
 Querfahrt 60
Seitwärtssteigen 25, 42
Sessellift 12
Sicherheit, Geländeschule 70
Skibindung 11, 22
Skibremse 30
Skibremsenstifte 23
Skibrille 16
Skiende, Skier 20
Skier tragen 30
Skier:
 Bindung 22
 tragen 30
 aussuchen 9, 20, 21
 überkreuzen 72
 einkanten 26
 einsteigen 31
 auswählen 20
Skigebiete 12–13
Skihaltung 31, 84

Skihang:
 Richtungsänderung 46
 Geländeschulung 70
Skikarten 13
Skipaß 12, 13
Skischule 70, 81
Skischulgruppen 70, 81
Skistiefel:
 Gewöhnung 8–9, 24
 Schnallenschuh 19
 anziehen 9
 Heckeinsteiger 18–19
 eintragen 8–9
Skistöcke: 21
 Gleichgewicht 84
 Teller 21
 Doppelstockschub 35
 stürzen 37, 38
 aufstehen 40
 halten 32
 Drehhilfen 62, 79
Skiteller, Skistöcke 21
Socken 16
Sonnenbrille 16
Sonnencreme 11, 16
steile Piste 84
Stirnband 17
Streckübungen 9, 27
Streckung, über Buckel,
 in Senken 72
Sturz mildern 39
stürzen: 37, 39
 Angst 46
 im Neuschnee 87
 aufstehen 40

T

Taille, Skier 20
Telefon, Notfall 91
Tellerlift 15
Tennis 27
Thermische Unterwäsche 17
Trägerhosen 17

U

Übungen, Vorbereitung 27
Übungen 25
 Schußfahrt 52
 Seitwärtssteigen 43
 Stoppen 76
ultraviolette Strahlung 16
Unterwäsche, thermische 17

V

verlangsamen, Schneepflug 48–51

W

Warnschilder 91
Wetter 90
wilde Piste, fahren 86

NÜTZLICHE ADRESSEN

Deutscher Skiverband (DSV)
Hubertusstraße 1
8033 Planegg
Tel.: 089/857 90-0

Internationaler Skiverband (FIS), Schweiz
Zentralsekretariat
CH-3653 Oberhofen/Thunersee
Tel.: 00 41/33 44 61 61

DANKSAGUNG

Konrad Bartelski, Robin Neillands und Dorling Kindersley möchten sich auf diesem Wege bei folgenden Personen für ihre Hilfe und Unterstützung bei der Vorbereitung und Produktion dieses Buches bedanken:

Colin M.Callaghan (Geschäftsführer) und Duncan R. Doak (Marketingleiter) von Snowmec Leisure Environments in Stafford Park, Telford, für die Überlassung der Kunstschnee-Maschine.
Katherine Foster und dem Fotografen Matthew Ward und seinem Assistenten, Martin Breschinski, für die strapaziösen Fototermine bei –10°C.
Louise Milburn von der Fa. Lillywhites, Piccadilly Circus, London, für das Ausleihen der Ski-Mode und Accessoires auf den Seiten 16–17.
Gary Smith von Watermead Slopes und Sails für die Leihgabe des Tellerliftes auf Seite 15. Brian Thomas von Briton Engineering Developments Ltd., Netherton, Huddersfield, für das Ausleihen der Doppelmayr-Liftanlagen auf den Seiten 14–15. Paul Bailey für die Farbfotos auf den Seiten 70–71, Janos Marfy für die Illustrationen auf den Seiten 19, 23, 90–91, und Peter Cooling für alle anderen Illustrationen. Mark Shapiro (Seiten 10-11, 82, 86), Stock Shot (Seiten 2, 85 oben, 89), Badger Sports (Seite 87), Arthur Torr-Brown (Seiten 12, 84, 85, 91) und *Outdoors Illustrated* (Seite 12 oben) für die Benutzung der Bilder vor Ort.